Nietzsche,
la déraison du vivant

Thomas Roussot

Nietzsche,
la déraison du vivant

L'Harmattan

5-7, rue de l'École-Polytechnique ; 75005 Paris

http://www.librairieharmattan.com
diffusion.harmattan@wanadoo.fr
harmattan1@wanadoo.fr

ISBN : 978-2-343-02726-5
EAN : 9782343027265

À Cannelle.

Avance et supporte l'échec et la question,
fidèle à ton unique sentier.

Martin Heidegger.

JEUNESSE

Les lieux et les climats où Nietzsche prenait ses notes, préparait ses manuscrits, et corrigeait ses épreuves ont changé.

Un siècle après, demeure pourtant vivace l'empreinte omniprésente et ambivalente de sa pensée foudroyée.

Nietzsche croyait en l'idée du bon Européen, sorte d'honnête homme complexifié à l'aune d'un continent. Son travail durant les années 1880 est essentiellement tourné vers la culture d'Europe. Même s'il rêva parfois du Nouveau Mexique, Oaxaca notamment, il ne se pencha sans doute jamais sur l'histoire de ce roi maya de la période classique, Jax Pac, qui portait le nom d'un de ses livres, Aurore. Nietzsche n'était pas tourné vers les langues, son italien et son anglais étaient limités et son russe inexistant. Seul son français était correct, sa lecture particulièrement.

Si nous pensons à l'Europe contemporaine, on peut imaginer un Nietzsche qui serait accablé par un processus non ontologique ni plus vraiment culturel mais strictement fonctionnel et utilitariste. Lui qui tout en reniant les vertus de la philologie pour mieux les dépasser ne quittait que rarement un goût fondamental pour les origines classiques des arts et lettres. La littérature et la philosophie grecque notamment. Nietzsche a su anticiper les dérives diverses qui menaçaient cette construction identitaire gigantesque. Les exigences et les enjeux de ce confluent de forces géographiques et historiques ont été précisément traités à de multiples reprises dans son œuvre. Il pensait les singularités individuelles menacées par l'instinct de troupeau grégaire, les atavismes parcellaires et en somme le passé de ces peuples empêchant durablement toute entente sérieuse au-delà d'une unification de façade. Nietzsche a connu l'éducation d'un pasteur luthérien et d'un pays qui devait son pastorat au roi, puis développé une analyse acerbe des Européens, du nationalisme, de l'impérialisme, et du militarisme.

L'Europe plutôt que le Reich allemand, le partage et l'échange ou la déroute bismarckienne qu'il pensait lourde de mauvais présages pour le XXéme siècle. Ses remarques sur l'Allemagne étaient si constamment hostiles qu'il faut voir dans l'attirance de Nietzsche pour l'exil aux quatre coins de l'Europe pas seulement des raisons physiologiques liées au climat du corps.

Dès le début de sa vie, Nietzsche se considérait comme ressortissant européen, plutôt que strictement allemand. À l'âge de quinze ans, il rédigea une nouvelle intitulée «Capri et Helgoland», dans laquelle les typologies italienne, suisse, allemande sont à l'œuvre. Au début de l'histoire, le héros, Von Adelsberg, se proclamait pèlerin en ce monde, n'ayant sa patrie partout et nulle part, mais citoyen du Monde, la terre étant son royaume !

Déclaration de jeunesse qui résonne plus que jamais d'actualité tant la doctrine mondialiste est désormais la grande triomphatrice des nations. L'Europe, qu'il chérissait tout en la fustigeant, pétri qu'il était par sa culture, désormais, serait frigide. Si un champ de décombres n'est que le symptôme d'une force excédentaire, alors tous les espoirs sont permis.

La notion d'identité est devenue un point d'ancrage et de réinterprétation continu comme il l'avait prévu. Sous-tendue par les préceptes de la philosophie des Lumières, « l'identité » tire ses racines de plusieurs siècles d'accumulation conceptuelle, passant notamment par l'affirmation de « l'identique » contrebalancée par celle de « l'autre ».

L'idéalisme, de Kant à Hegel, s'est fourni un « en-soi » unitaire toutefois non dépourvu d'un rapport permanent à l'idée d'altérité, et donc au « non-soi » (cette dialectique s'étant bâtie sur une dualité intrinsèque, à savoir celle de l'appartenance et de la non-appartenance).

Le « même » étant assimilé à « l'être », et ce dernier fournissant un paravent tautologique et brumeux au « non-être », relégué aux apories de l'impensable (pour ce qui concerne la filiation idéologique rationaliste). Diverses conjonctions historiques comme le libéralisme triomphant allié à l'effondrement des traditions séculaires ont atomisé cette notion d'être pour la « délocaliser » vers celle de l'individu, ouvrant la porte à une hiérarchisation bâtarde des manifestations d'un principe fondateur, désormais non nécessairement rattachées à quelque base univoque, centralisatrice ou organique qui devrait les soutenir unanimement. De ce fait, ne demeurent alors plus que des correspondances, synchronismes et autres sortes d'interdépendances circonstancielles, des fluctuations stratégiques, des aménagements de façade, des arrangements artificiels, et surtout des conflits d'interprétations et de valeurs, la brèche du différentialisme appuyé sur un relativisme assumé s'étant accentuée.

Les fondations de l'idée d'identité se sont morcelées progressivement en répliques miniaturisées dépourvues de solutions adaptées. L'apparition de l'ère atomique a en quelque sorte légitimé par la sphère technique ces constellations de présences disséminées sur un territoire qui n'est que mythique. C'est donc à une expropriation de l'être que l'Europe se doit d'avoir à faire face. Il n'existe plus qu'une coappartenance virtuelle de divers plans vitalistes, qu'Internet vient chapeauter de façon abstraite. L'ordre social ne s'appuie plus que sur une apathie généralisée, et non sur un fond identitaire motivé au sein de sociétés régies par le matérialisme individualiste. L'aboutissement logique d'un tel effritement conduit au règne des auto-appropriations partiales, cette tendance ayant été encouragée par l'idéologie libérale-libertaire.

Les appartenances politiques, religieuses, culturelles, ethniques, sexuelles, et autres, sont finalement prises en otage par une anomie généralisée. Le culte de la différence pour la différence conduit finalement au nivellement vers l'uniforme, voire l'informe. Il ne s'agit plus que de prétendre représenter ces différences, de les dupliquer, pour mieux les instrumentaliser au profit de règles marchandes. Dépourvu de toute éthique verticale et transcendantale au sens Kantien, qui mangeait un peu trop de moutarde, ne demeure plus qu'un consensus friable et volage pour prétendre assurer la perpétuation d'un processus historique gravement altéré parce qu'inquestionné.

Il ne se déploie plus qu'une pseudo-régulation arbitraire et inique. Pour Nietzsche, le bon Européen est nécessairement un audacieux qui fait du dépassement de sa propre culture un pont de départ et un point de passage, l'égalisation et l'appauvrissement d'une civilisation permettant l'apparition de types différenciés comme de nouveaux chevaliers-poètes, de nouveaux artistes de l'existence, de nouveaux penseurs, tous les champs humains étant susceptibles de se renouveler au contact d'une pareille désintégration. Une caste innovante tendue vers de nouvelles législations et en somme un autre monde, non pas un arrière-monde mais bien le même transmuté par de nouveaux horizons. À commencer par l'abandon de toute morale de troupeau qui asphyxie chaque possibilité de renouvellement en imposant des repères statiques et un avachissement rétrograde qui mérite le titre de nihilisme passif. C'est donc (plus qu'à une problématique d'aire géographique) à la question d'une communauté de valeurs renouvelées que doit se confronter toute culture vivante. Et cette tâche ne peut incomber à la sphère politique enkystée qu'elle est dans des jeux de pouvoirs stériles. Ce processus revivifiant ne pouvant s'établir qu'à l'aune d'une axiologie non dualiste, via une faculté d'adaptation maximalisée. L'activité pulsionnelle créatrice de tout humain est seule capable de défaire ce qu'elle a engendré, les fantômes comme les idéaux caduques. L'art dionysiaque est par essence cette faculté de défaire par pur jeu pour réassembler différemment le monde et ses environs.

Un individu moderne habite un "domaine sans nom" ni "adresse" car il ne vit pas sa présence de manière affective.

Nietzsche avait besoin de l'Europe afin d'écrire une généalogie de l'ascétisme qui sous-tendait selon lui la culture occidentale, sa religion, sa science, ses desseins, sa soif de pouvoir, via le chemin de l'éternel retour du même. Si la volonté de connaissance était une variation de l'instinct de néant, il fallait opérer un tournant vers de nouveaux artifices afin d'engendrer un nouveau destin. Et ce tournant passait aussi par la philosophie.

Le sort de l'Europe elle-même était, selon lui, lié à la question de la culture et à l'appétit de puissance de cette dernière. Une plénitude et une ivresse capables de proposer de nouveaux buts, de recréer le réel à la mesure d'une puissance innocente, déculpabilisée, ouverte aux métamorphoses, c'était cela qu'il attendait et préparait.

Si l'essence la plus intime de l'être est volonté de puissance, si le plaisir est toute croissance de la puissance, déplaisir tout sentiment de ne pouvoir résister et maîtriser, Nietzsche se donnait pour mission intellectuelle de dépasser plaisir et déplaisir comme des faits cardinaux. Sa volonté refusant les oscillations entre oui et non. Il reposerait réulièrement la lancinante question : qui éprouve du plaisir ? Qui « veut la puissance » ? Si l'être est déjà « vouloir-de-puissance », et, par conséquent, « éprouver-plaisir-et-déplaisir », sa réponse sera induite par toute son œuvre.

Tous les distinctions et particularismes nationaux devaient annoncer d'extrêmes intensifications de force, de subtiles exaltations et stimulations au service du vivant et non de chagrines fermetures et craintives hostilités aveuglées. Engendrer un art de vivre capable de justifier l'élan vital, de transfigurer le factuel, de sanctifier le fatum, telle était la mission que s'était fixée Nietzsche.

Introduire cette approche de l'existence et de la pensée de Friedrich Nietzsche sous l'auspice de l'Europe n'est pas anodin car ce n'est pas ex nihilo qu'il a composé son œuvre mais toujours sous l'influence directe et choisie de lieux proprement européens. Il avait conçu certains passages de Zarathoustra en grimpant le chemin d'Eze, sa pensée du retour éternel avait trouvé son origine près d'un rocher pyramidal à Surlej. Ses textes longs et soigneusement composés avaient été rédigés lors d'alternances mêlant voyages et réclusion. Ses randonnées faisaient office d'entractes fulgurants.[1]

L'éternel retour du même est une pensée qui a pris forme très progressivement dans l'esprit de Nietzsche et sous sa plume, des esquisses naissantes de celui-ci se

---

[1] *Fragments posthumes, Début 1888-début janvier 1889,* Editions Gallimard, 1977.

retrouvent dans ses conférences sur la philosophie des anciens Grecs à Bâle et même dans certains de ses essais du secondaire.

Il a travaillé sur la vision monde dionysiaque dans la Maderan Vallée. Dureté des chemins, ressac des mers, odeurs, couleurs, silence, pratiquement tout ce qui se portait à son regard nourrissait la matière de ses écrits. L'inépuisable richesse des éléments au-dessus de la côte méditerranéenne ou sur les rives de Silvaplana, se faisant véhicule de ses diverses métaphores. Dans le texte de Nietzsche, l'humus côtoie mélèzes et pins, senteurs d'herbe et de fleurs sauvages, air marin et paysages urbains, la relation de Nietzsche à la nature n'était pas celle du collectionneur ni de l'entomologiste, doublant Charles Darwin et ses fondements téléologiques de la théorie de la sélection naturelle par cette fameuse approche dionysiaque. Nietzsche refusait le naturalisme, sa relation au monde urbain l'attirant autant par ses attraits architecturaux que les mers par leur indéfini reflux. Le raffinement psychologique de ses identifications et associations étant dans les deux cas singulier. Le tremblement de terre du 23 février 1887, mercredi des Cendres, frappant la ville de Nice, l'inspirait et le renvoyait à celui d'Ischia, comme un apprentissage tellurique, historique, relié au monde du mythe ancien. Il enrichissait son travail aux sources multiples du vivant dans ses manifestations les plus chaotiques.

Peut-on sérieusement définir l'influence des lieux de villégiature nietzschéens sur ces idées comme « La Volonté de Puissance », « l'Eternel Retour du même », « Le surhomme », « La transvaluation de toutes les Valeurs », « l'Innocence du Devenir », « Le perspectivisme », « La critique généalogique des valeurs », « L'affirmation tragique de la vie », « L'amour de tout » ? Les lacs alpins, le rayonnement de l'Italie, les rêves de montagnes furibondes près de Nice ont indéniablement joué un rôle dans la généalogie de sa stratégie existentielle.

Nietzsche a décidé de s'engager durant la guerre entre la France et la Prusse alors qu'il aurait pu entrer dans l'église de son enfance qu'il chérissait alors, scrutant son seuil pour y déceler ce mot « éternel», encore visible sur la pierre usée, et son odeur de moisi familière.

Le jeune homme encore tout imbibé de religiosité qu'il était aurait pu faire son chemin dans les rangées de bancs ternes et sur le tapis rouge ornant ces deux portes qui conduisaient à la sacristie avec son petit bas-relief de Saint-Georges.

Il aurait pu gravir pour des décennies le vieil escalier en bois près de l'entrée menant à la tribune du chœur et de son charmant orgue, où il s'asseyait souvent avec son père. Car c'était la maison de son père et le village de Röcken que Nietzsche aimait, bien plus que la ville de Naumburg. Il est né dans cette région de la Thuringe qui fut détachée du royaume de Saxe en 1815. Prussien de par une annexion vieille de trente ans, il fut donc en réalité un Saxon de Thuringe. Cette Saxe supérieure, conquise par des colons germains sur trois peuples slaves, les Wendes, les Polonais et les Tchèques, a sa physionomie propre dans la géographie intellectuelle de l'Allemagne.

Il s'installe en 1850 avec sa mère, Franziska, sa sœur Elisabeth (née du couple le 10 juillet, 1846), trois tantes et une grand-mère devenue veuve Erdmuthe, sévère et impassible. Le déménagement a eu lieu après la mort du père de Nietzsche, le 30 juillet 1848, suivie de celle de son frère cadet, au début de mars 1850.

Le père et le frère ont été enterrés au sud de l'église de Röcken.

Dans des dizaines de poèmes et esquisses autobiographiques rédigés pendant sa jeunesse, Nietzsche a dépeint l'impact émotionnel qu'ont joué ces deux décès sur sa vie.

Nietzsche improvisait au piano à la maison et sur l'orgue à l'église. Le garçon demeurait assis pendant des heures sur les genoux de son père, enchanté par la musique. Son talent pour l'improvisation viendra plus tard, toujours via le piano, sa fascination pour Richard Wagner et son amitié avec Peter Gast, ses idées sur le rôle déterminant de cet art dans la tragédie grecque et ses chœurs, tout cela a fermenté grâce à l'initiation familiale. Il saura jouer en 1856 des sonates de Beethoven et des symphonies de Haydn. À l'été de 1858, sa mère a mis en place un fonctionnement quotidien propre à Naumburg, puisque la grand-mère et la tante Erdmuthe Auguste étaient mortes, tandis que la tante Rosalie ne supportait plus la solitude. L'atmosphère de fondamentale religiosité a baigné tout l'arbre généalogique du futur hérétique. L'aïeul Friedrich-August-Ludwig— Nietzsche (1756 — 1826) fut ecclésiastique et écrivain. Il avait étudié à Leipzig, Morus Kœrner, le philosophe Platner, les Ernesti avaient été ses maîtres. Zollikofer, qu'il connut personnellement, fut le modèle qu'il tâcha de suivre dans l'éloquence de sa chaire ; il lui emprunta son orthodoxie éclairée, une conception du sermon proche de l'Aufklärung. Il avait occupé vingt ans (1783-1803) la paroisse de Wollmirstaedt en Thuringe, quand la petite ville saxonne d'Eilenburg l'élut pasteur. Il eut le sens du prosélytisme, courant chez les Thuringiens. Il avait écrit un livre Die höchst nötige Verbesserung der Dorfschulen (1792), où déjà se révèle le souci d'élever le niveau de la culture, ce qui guidera inconsciemment son petit-fils dans ses leçons sur l'avenir de l'éducation. Il est improbable que son *Gamaliel, oder über die immerwährende Dauer des Christentums* (1796), n'ait rien de commun avec *l'Antéchrist* du plus impie de ses descendants. Le titre même de ses *Beiträge zur Beförderung einer vernünftigen Denkungsart über Religion, Erziehung, Untertanenpflicht und Menschenleben* (1804), déploie, sous son titre herdérien, un programme de recherche digne du plus grand moraliste.

« J'ai déjà éprouvé des joies, des peines ; j'ai connu la félicité et l'affliction ; mais Dieu m'a toujours guidé d'une main sûre, comme un père son faible enfant. Il m'a chargé de douleurs, mais je confesse et vénère Sa sublime puissance qui mène toute chose à bonne fin. J'ai pris la ferme décision de me consacrer à Son service. Que le Seigneur me donne la force nécessaire à mon dessein, qu'il me protège sur le chemin de la vie. Je m'en remets comme un fils à sa Grâce. »[2]

Il y a eu dans cette famille un dressage moral, qui dura un siècle. Nietzche baignait dans un climat de grande religiosité qui conditionnera à rebours une partie non négligeable de son opposition radicale au christianisme. Des contemporains loueront dans l'aïeul un sens délicat du devoir, une dignité affable, une grande sûreté de cœur, et une forte philosophie de vie. Ce prédicateur talentueux avait épousé une Krause, issue d'une famille venue du plateau central thuringien, du Vogtland précisément, et où l'on était fréquemment théologien. Un homme de cette souche, Johann-Friedrich Krause (1770-1827), professait à l'Université de Kœnigsberg à l'époque de Kant. Il succéda à Herder comme surintendant ecclésiastique du duché de Saxe-Weimar. C'est de ce Krause que viendrait ce regard intense qui le caractérise. Erdmuthe Nietzsche, femme de Friedrich-August-Ludwig, qui fut la grand-mère du philosophe, était volontaire, affable mais de santé fragile.

[2] *Premiers écrits,* Le Cherche Midi éditeur, 1994.

C'est pourquoi la famille crut conjurer le sort en conseillant de lui donner le nom d'Erdmuthe, « afin qu'elle demeurât fidèle à la terre ». « Rester fidèle à la terre » est un précepte d'une théologie séculière qui désormais se transmettra dans la famille des Nietzsche. La nouvelle maison que Franziska Nietzsche devait occuper jusqu'en 1897 portait le numéro 18 de la rue Weingarten, l'esprit et l'atmosphère de Pforta lui manqueront toujours. Comme à Röcken, d'exil en exil, le garçon aspirait à des relations étroites avec certains de ses enseignants et quelques-uns de ses camarades de classe, mais les années de l'école secondaire s'intensifièrent pour le jeune Nietzsche et cette aspiration à un cocon ouaté laissa place à une pure discipline de travail.

« Je vais essayer de décrire la vie d'un jour ordinaire à Pforta. C'est que je n'ai pas grand-chose, je n'ai même rien à raconter. Donc, à quatre heures du matin, la porte du dortoir est ouverte et ceux qui le désirent ont le droit de se lever. A cinq heures tout le monde doit en faire autant ; la cloche sonne ; les surveillants crient : « Debout ! debout ! sortez de là ! »

Tous ceux qui ont du mal à quitter la plume sont punis. »[33]

Humaniste dans son programme d'études, et libéral-monarchiste parlementariste dans ses sympathies politiques, la gestion de ses élèves était strictement martiale.

Nietzsche y rencontrera Paul Deussen, fils de pasteur également, spécialiste de la pensée indienne, et Carl von Gersdorff, passionné de musique silésien. Pforta était un ancien monastère cistercien datant de 1137, ayant notamment formé Klopstock, Fichte et Leopold von

---

[3] Premiers écrits, Le Cherche Midi éditeur, 1994.

Ranke. Le petit Nietzsche démontrait très tôt sa capacité à établir des connexions concrètes entre l'enseignement et le corps, comme à l'occasion d'un cours consacré à l'histoire romaine et Mucius Scaevola, héros en lutte contre les Etrusques, capturé par les troupes du roi Porsenna, se brûlant lui-même devant la menace de la torture visant à lui faire révéler son identité et la nature de sa mission, Friedrich se brûla une main avec des allumettes afin de convaincre ses camarades de la pertinence d'une telle démarche. Quand la classe est de sortie pour visiter le château de Schönburg, alors que le reste de ses camarades s'enivre dans les caves, lui s'isole au sommet, écrivant en pensée des vers pour la postérité. Premières céphalées, voire crises d'épilepsie, l'adolescent souffrant par ailleurs d'une myopie mal traitée. Cela ne l'empêche pas de pratiquer avec ardeur randonnées et natation. Il fonde une association étudiante à vocation culturelle du nom de Germania dont il devient le secrétaire-archiviste mais les dissensions internes, la démotivation et l'éparpillement des intérêts de ses membres auront précocement raison d'elle.

« Notre détresse financière est due essentiellement à l'achat de Tristan et Isolde de Richard Wagner, achat auquel il a été procédé sur la suggestion de G.Krug. Par ailleurs, certains membres, dont le rédacteur du présent rapport, ont depuis quelque temps négligé leur cotisation : le membre G.Krug doit être félicité pour sa ponctualité. Je laisse à chacun le soin de déterminer dans quel délai il s'acquittera de tout ce qu'il doit. »[4]

Le jeune étudiant se fixe déjà des caps inébranlables à son entrée dans le monde universitaire, qui passeront par ne pas se soumettre aux penchants débilitants de tout vouloir savoir, encourager ses dispositions à trouver pour

[4] Premiers écrits, Le Cherche Midi éditeur, 1994.

chaque objet particulier ses fondements les plus généraux, développer son intérêt pour les études classiques, Sophocle, Eschyle, et Platon notamment.

Il voulait rompre avec cet instinct frénétique de savoir qui l'avait accompagné de sa neuvième à sa quinzième année. Il dessinait, peignait, composait des odes, s'intéressait vivement à la géologie, la botanique, l'astronomie, la poésie, le théâtre, l'art militaire, l'architecture, la navigation, la stylistique latine, la mythologie, la littérature, la linguistique allemande, l'hébreu, le grec, le latin, l'allemand, l'anglais, le français, l'archéologie, et par-dessus tout, la religion !

Cette ambition de connaissance universelle le harcelait depuis longtemps, jusqu'à réaliser qu'il allait devoir se spécialiser pour approfondir sérieusement les sujets qu'il désirait traiter. Ses notes de jeunesse laissent deviner l'éclectisme et l'intense activité intellectuelle pour son jeune âge :

« Vers la Saint-Michel, beaucoup travaillé à « Serbie » ; laissé tomber vers Noël. Achevé le 2 février 1862 des esquisses hongroises : « Le Cabaret sur la lande », « Marche triomphale », « Rêves sauvages », puis, vers Pâques : « Plainte héroïque ». À Pâques, établi le plan de « Merlin ». Composé le 29 avril l'ouverture « Satan sort de l'enfer », 30 avril. Ne me plaît plus ; il est difficile de trouver le ton satanique et de dessiner Candida avec justesse. »[5]

Quand il a reçu sept mille francs suisses suite à un règlement judiciaire contre l'éditeur Ernst Schmeitzner, il a payé ses dettes à la librairie où il se rendait avec avidité. L'amour des livres, il le devait aussi à Carl Ludwig Nietzsche, ce modeste pasteur de Röcken. Les ancêtres de

---

[5] *Ibid.*

Nietzsche, tant du côté maternel que paternel, étaient très souvent prédicateurs. Il lisait très jeune, Schiller, Novalis, Jean Paul, Byron, Chamisso, Hölderlin, alimentant son romantisme quelque peu adolescent. C'est d'un ton exalté qu'il défendait ce dernier mis à mal par un ami au fil de leur correspondance enflammée :

« Dans sa tragédie inachevée *Empédocle,* le poète déploie sous nos yeux sa propre nature. La mort d'Empédocle est provoquée par une fierté digne d'un dieu, par un grand mépris des hommes, par une immense lassitude devant tout ce qui est terrestre, et par une entière conviction panthéiste. L'ensemble de l'œuvre m'a toujours bouleversé à la lecture ; il y a dans cet *Empédocle* une élévation divine. »[6]

Cette période le voit voler de passion en passion, avec déjà des convictions chevillées au corps, qu'il défend ardemment et subtilitement à la fois. Ses retournements intellectuels futurs se nourriront de cette fougue première.

« Que l'homme évolue aussi fortement que ce soit et semble sauter d'une opposition à une autre, on n'en découvrira pas moins, en précisant ses observations, les jointures où le nouvel édifice se dégage de l'ancien. C'est la tâche du biographe ; il est tenu de penser la vie selon le principe qu'aucune nature ne fait de sauts. »[7]

Nietzsche a de fait accompli de nombreux sauts, tant sur le plan géographique qu'intellectuel, passant de la montagne à la mer, comme de Wagner à Bizet. Son rapport intime à la mer, enfantin et méditatif, ce mélange de terreur et de fascination hypnotique pour un horizon sans fins, orné d'une solitude si intense procurée par cette sorte de fusion sensorielle, marquaient sans doute la trace

---

[6] *Ibid.*
[7] *Ibid.*

de sa nostalgie pour une enfance ayant sombré dans l'infini nostalgique. De ponts abandonnés en pêches d'idées, il y ferait chavirer sa raison. Plus tard. Mais Nietzsche n'a jamais quitté l'idée de plongeon dans l'immanence du devenir des flux et reflux du possible. Il n'abandonnait jamais cet élément océanique sans en avoir le cœur crocheté par des regrets jouant les prolongations dans ses lettres privées. Même s'il ne trouva jamais l'occasion de réellement naviguer, hormis en barque sur des lacs léthargiques, il se découvrait émotionnellement développé par son contact océanique, filtré par ces côtes granitiques du sud, bordées de chemins sinueux, de collines hérissées de pins et frondaisons d'oliviers stoppées par d'abruptes falaises rocheuses, toute la mer, en gros et au détail, l'aspirait, le déportait, hors de lui, vers ce plus que soi auquel il tendait de toute son énergie.

Une partie essentielle de la vie de Nietzsche s'est déroulée dans la quête d'un équilibre climatique, errant vers ce lieu idéal de repos et de récupération, de clarté et d'air pur. Il n'a jamais travaillé plus intensément que lorsqu'il se trouvait en adéquation biologique avec son environnement immédiat, perché ici sur les montagnes richement boisées de l'extrémité sud du golfe de Gênes, là à Nice, d'hôtel en hôtel, préparant plusieurs des préfaces pour les deuxièmes éditions de ses œuvres, celles notamment destinées à *l'Aurore* et *Le Gai savoir*, toutes deux signées près de Gênes, à l'automne 1886.

À travers le tempo lento ou dans des fulgurances frénétiques, flirtant avec une décompensation épileptique, le danseur se mariant au philologue, dans la jubilation d'énergies mutantes, nouvellement né spirituellement, à l'affût d'un futur qui allait luire au zénith de son œuvre, ce zénith portant un nom : Zarathoustra. La prémonition d'un avenir, d'une reconnaissance posthume pour seuls appuis, pourvu d'une prescience à se savoir déphasé avec son temps mais connecté aux siècles à venir, à proximité des mers ouvertes à l'assentiment absolutiste, décrivant à son fidèle ami Köselitz son amour des archipels grecs et italiens, qu'importe, pourvu qu'ils soient toujours capricieux et indociles. Portant un projet de refondation des valeurs occidentales, il s'empêtre et s'embourbe pourtant en considérations bourgeoises sur le service des cuisiniers d'hôtel, maladivement pointilleux sur son confort, sa nourriture, et toujours, cette même lune obsessionnelle : la météorologie. Autant de fixations névrotiques qui prennent trop souvent le pas dans sa correspondance sur sa capacité à justement jouir de l'instant, comme il y invite régulièrement ses lecteurs clairsemés, sortes de tiques instinctifs induisant des déménagements successifs, tantôt à cause de l'humidité, tantôt du peu de soleil, du « trop de vent », du « pas assez de compagnie », de la nourriture médiocre de l'Albergo Italia, celle plus fameuse des Niçois, cette incapacité à réunir tous les facteurs susceptibles de contenter cet aristocrate du goût le feront plus d'une fois quitter une ville pour une autre, Gênes et la côte ligure bataillant dans son inconscient avec la côte méditerranéenne pour le trophée d'une installation durable. Un des poèmes que Nietzsche avait joints à la deuxième édition de son ouvrage le *Gai savoir* s'intitule d'ailleurs « vers de nouvelles mers ».

Le passage de Gênes à Nice, via Menton et Villefranche, n'a fait que déplacer sa frustration permanente, compensée par l'affleurement des eaux. Nietzsche a décrit dans des dizaines de lettres cette transition permanente, à Franz Overbeck au début de décembre 1883, il décrit à Köselitz ses motifs d'abandon de Gênes, les Rivieras française et italienne demeurant quant à elles pour l'histoire ses lieux de prédilection berçant l'achèvement de son « Ainsi parlait

Zarathoustra ». Zarathoustra, homme de la montagne, descendant vers les humains, afin d'enseigner l'avènement du surhomme et de l'éternel retour, toujours au niveau de la mer. Nietzsche esquissait la troisième partie de Zarathoustra, annonçant fièrement et lucidement à ses divers contacts épistolaires courant avril 1888, notamment à Köselitz résidant du côté de Venise, que son nouveau livre était un descendant direct de « sanctus januarius », le quatrième et dernier livre de son entreprise de science joyeuse.

Nietzsche décrit l'hiver à Rapallo au cours duquel la première partie de Zarathoustra est venue affleurer à ses synapses et sa plume. Il a également souligné son écartèlement entre son travail et les conditions relationnelles, matérielles, climatiques et d'habitat le sous-tendant.

La vue sur Portofino l'a grandement inspiré comme ses marches sur la via Aurelia, sur la baie de Tigullo, au sommet de la colline qui sépare Zoagli de Rapallo. Portofino comme métaphore de l'étroite passerelle vers l'éternité. Zarathoustra était né de tronçons de routes escarpées, démultiplié du côté de Monte Allegro, entre San Pantaleo et San Ambrogio, hantise d'ombres et de crevasses, d'avenir et de mort, inspiré comme Ezra Pound, qui vivait là-bas, ainsi que William Butler Yeats.

La deuxième partie *d'Ainsi parlait Zarathoustra* s'était élaborée ici et là, nomade, de la Piazza Barberini romaine, à Chàste, près de Sils. Nietzsche l'écrira en trois séquences, tout en résidant dans une pension suisse à Nice, la pension de Genève, via la rue St. Etienne.

Encore une fois, il était près de la rive méditerranéenne. Au coeur de la troisième partie, il mentionne d'anciennes et de nouvelles tablettes de la loi, idée qu'il composa en grimpant le chemin d'étape à Eze, à l'est de Nice. Il a pris le train régional de Nice pour une vingtaine de minutes, longeant suavement le long de la côte, au-delà de St. Jean Cap Ferrat et Villefranche, puis est descendu à Eze Gare, a grimpé ce chemin ardu et sinueux pour atteindre le bastion maure trônant au sommet de la montagne. Le ciel et la mer en contrebas semblaient s'unir, soutenus par le vertige des hauteurs, pins, via une terre criblée de granit, de froidure, la progression ne pouvant se faire qu'à tâtons, laissant le temps au soleil de faire macérer ses nouvelles idées, son ombre se reflétant dans la roche.

En avril 1870, un jeune théologien a rejoint le corps professoral des universités, encore une fois en raison des travaux de recrutement de Wilhelm Vischer-Bilfinger. Vischer a organisé les chambres au nom du nouveau professeur, Frank Overbeck, dans la maison de Nietzsche à Schützengraben. Heinrich Romundt, qui a écrit sa thèse de doctorat sur *la Critique de la raison pure de Kant,* appelait leur maison « Cottage Poison », d'après un célèbre restaurant et bar à vin de Bâle nommé *Das Gifthüttli*. En même temps que la première *Inactuelle* de Nietzsche est apparue, en 1873, Overbeck a publié son appareil critique sur la qualité de la théologie chrétienne.

Une véritable transgression théorique pour l'époque qui a finalement contraint Overbeck et sa femme à quitter l'église.

Nietzsche se revendiquait Polonais plutôt qu'Allemand, surtout vers la fin de sa vie active, quand il avait pris des distances plus géographiques qu'émotionnelles avec sa famille.

Il tentait de se trouver, de façon assez conformiste, une ascendance valorisante du côté de sa mère (le côté Oehler), puis avait investi tous ses espoirs de noblesse dans la famille de son père, le pensant descendant des Nietzky, lignée aristocrate polonaise. Pourtant, Nietzsche était un nom commun en Allemagne, en particulier dans les régions du Nord et de l'Est du pays. Un nom dérivé soit de Nicholas, symbole de cadeau de Noël, ou de Neid, NIT, signifiant l'envie et la colère, poison. L'ambivalence étymologique de ce nom portait toutes les contradictions intellectuelles de l'homme, Nietzky étant utilisé par les Polonais comme déclinaison du principe nihiliste. Son visage paraissait slave au point que les Polonais l'abordaient comme un compatriote.

Mme Forster n'a pourtant jamais soutenu cette thèse d'une origine ayant pour souche cette famille de comtes Nietzky, bannis de Pologne pour conspiration politique et religieuse. Il admirait Copernic, mais le cours de ses astres familiaux ne lui a jamais donné une telle confirmation identitaire. Nietzsche déclarait son admiration pour ce peuple dans son Zarathoustra en lui attribuant la vertu de « dire la vérité et de savoir bien user de l'arc et des flèches ». Il se voulait Slave, et s'appuyait sur le passé de la colonisation germanique pour justifier cette éventualité généalogique. « La région la plus dangereuse de l'Allemagne est la Saxe et la Thuringe », a-t-il dit un jour. Il pensait que nulle part on ne pouvait trouver plus d'intellectualité industrieuse, ni de plus grande liberté de l'esprit.

Il espérait que le peuple thuringien contienne des composantes germanique et slave. Thuringe qui s'avérait être la région de la Réforme le fascinait en tant qu'entité culturelle.

Toutefois, les questions de filiation importaient au chercheur sur un plan historique et globalisant plus que ses propres ancêtres, la transmission de qualités ou carences lui paraissant avec le temps relever des affinités électives plus que sanguines. Son grand-père paternel, Friedrich Ludwig Nietzsche, avait démontré des compétences dans l'écriture, et l'en remontant de façon très élargie, des connexions éloignées se révéleraient avec l'arbre des Goethe et des frères Schlegle. Il avait hésité entre une carrière dans les ordres et lettres, prendre la place de son père, assumer les fonctions d'un pasteur évangélique ou s'échapper hors du cercle familial par une carrière universitaire. Il finit par opérer une synthèse entre ses aspirations en tant qu'étudiant en philologie classique, avenir qui impliquait une ascèse toute protestante de rigueur, dans la vénération pour le verbe et la dévotion au passé.

Le passage de Röcken à Naumburg en avril 1850, peu significatif en termes de distance, signifie un changement radical pour le garçon, un changement de la campagne à la ville, d'une vie paysanne à une existence bourgeoise. En effet, lorsque l'on compare les grandes demeures de ses camarades de Naumburg, Wilhelm Pinder et Gustav Krug, à la modeste maison de campagne dans laquelle Nietzsche est né, ou même aux trois séries successives de logis modestes que sa famille occupait à Naumburg, on voit comment le garçonnet qui rêvait de noblesse a dû intégrer le principe d'ascension sociale pour atteindre la classe à peine moyenne de son temps, et les illusions qu'il a dû y abandonner, à commencer par cette origine hypothétiquement noble.

Au cours du mois de mars 1850, un évènement tragique frappe sa famille, la mort du petit Joseph, son frère, inscrite sur la pierre tombale, le 4 janvier 1850. Janz nous informe que, selon le registre paroissial, le frère cadet de Nietzsche est effectivement décédé quelques jours après son deuxième anniversaire. Friedrich en avait fait un rêve prémonitoire. La tradition familiale raconte que la grossesse et l'accouchement se sont bien passés, que l'enfant était calme, généralement contenu, bien que régulièrement pris de crises de colère que sa mère était impuissante à contrôler, mais que son père avait énergiquement entrepris de discipliner. À chaque fois que les désirs du jeune homme étaient frustrés, il se rendait dans un coin de la chambre ou de la salle de bains, calmer seul sa colère. Apparemment, il ne parlait quasiment pas lors de ses premières années, le médecin local avait même conseillé à Franziska de stimuler l'enfant qui ne formulait jamais ses besoins ! Le jouet préféré du garçon était un écureuil de porcelaine que sa tante avait ramené de Dresde pour son père. Au moment où il avait neuf ans, vivant à Naumburg, il écrivait des histoires ludiques pour König Eichhorn, comme *Oak Crescent* le roi écureuil. Il jouait déjà avec son identité quand il signait ses lettres, par exemple à sa sœur avec le nom « Prince Eichhorn ». Sa mère ne s'est jamais remariée, mais a consacré sa vie à ses deux enfants restants, Friedrich Willhem, et Elisabeth, de dix-huit mois plus jeune que son frère. Franziska avait suffisamment appris le piano pour donner à Nietzsche ses premières leçons, puis arrangeait ses cours plus avancés quand elle ne pouvait plus le faire progresser. Au moment où Nietzsche avait onze ans, il composait ses propres oratorios et autres pièces religieuses. Sa mère a également organisé la scolarité de l'enfant, d'abord dans une école publique et puis à l'école de la cathédrale locale. Nietzsche était un érudit diligent, si diligent qu'il inquiétait les femmes du presbytère. Certes, elles voulaient qu'il devienne le pasteur qui prendrait la place de ce père décédé à l'âge de trente-six ans, mais le garçon semblait décidé à anticiper, voire brûler les étapes, ce qui n'était pas rassurant.

Il quittait la ville de Naumburg, pour les vacances, vers Pobles, un petit village où son grand-père maternel, David Ernst Oehler, avait servi comme pasteur. Le grand nombre de tantes, oncles, cousins et cousines de Pobles, ainsi que les camarades de jeu qui ont rejoint les enfants de la famille dans les champs environnants ont fait de ce modeste bourg l'objectif ludique de toute sa prime jeunesse. Cette vaste confrérie y incarnait une véritable convivialité allemande.

Pourtant, quand bien même le garçon, et plus tard l'homme, peuvent avoir méprisé la ville bourgeoise de Naumburg, la bourse remportée au pensionnat à Pforta en 1858 lui a amené beaucoup de fierté. Cette institution a donné à Nietzche l'éducation dont il a eu besoin pendant ces quatre années de formation universitaire afin de produire un brillant philologue. L'élève de secondaire a excellé dans tous les domaines hormis les mathématiques. C'est à Pforta que Nietzsche a étudié l'hébreu, le grec, le latin et le français pour lui permettre de décrypter les sources premières de tous les textes qu'il serait amené à étudier tout au long de sa vie.

Il déplorait régulièrement à Overbeck son manque de tel ou tel lieu, le manque de Messine, de la Sicile, de sa chaleur multicolore, de l'île d'Empédocle, de Nice, de sa famille, oui, des plaintes succédaient aux plaintes, comme un murmure de souffrance progressant précocement derrière sa jeunesse. Gênes, pour lui, c'était toujours la ville de Colomb, Mazzini, et Paganini, la ville des explorateurs, des fondateurs et des innovateurs. Mais plus encore qu'une exploration exotique de l'ailleurs, Nietzsche recherche une nouvelle famille adoptive à travers celles de ses amis, ce sera le cas avec la famille de Gian Durisch à Sils au cours des années 1880 ou celle de David Fino à Turin à la fin de la décennie. Au moment de Noël, en 1881, il a rapporté, à sa mère et sa sœur, ce que les boulangers allemands appelaient un stollen, offert par le fils de sa logeuse, du nom de « Carlotta », qui a été confiée à un asile d'aliénés. Au cours de ses séjours d'hiver dans Gênes, Nietzsche occupait différentes pièces de la maison au numéro 8, Salita delle Battistine. La rue en brique rouge était fermée à tout trafic.

Elle bordait les jardins baroques et ombragés de la Viletta di Negro, où Nietzsche passait souvent ses soirées. Il pouvait étudier la vieille ville et le port de Gênes, en regardant les bateaux chargés de quitter le port et naviguer vers l'Ouest. Gênes était le port d'attache de ses propres explorations. Concernant ses deux livres les plus personnels, *Aurore* et le *Gai savoir*, composés principalement à Gênes, Nietzsche disait les concevoir en lézardant au soleil, rond, heureux, comme un animal de mer s'exposant au soleil entre les rochers. Les villes et villages de la Côte d'Azur ont été vitaux pour son travail. À la mi-mars 1882, Gênes était devenue trop chaude, il savait qu'il devait retourner à la montagne, mais il détestait quitter le bord de mer, même si son état de santé s'avérait catastrophique. Chaque fois qu'il sortait de l'entrée principale de la Mentelinhof, puis tournait à gauche vers les bâtiments universitaires, il pouvait scruter cette statue de l'inquiétant St. George, la terreur de sa jeunesse, transperçant pour l'éternité un dragon tout-puissant.

ENSEIGNEMENT

Au cours des divers semestres universitaires, Nietzsche enseignait l'histoire de la littérature et la philosophie grecque pré-platonicienne, la rhétorique grecque et romaine, la religion grecque ancienne, la vie et les enseignements de Platon, Sophocle, *Œdipe roi*, *les Travaux et les Jours* d'Hésiode. Au Gymnasium, il a enseigné *l'Apologie* de Platon, Phédon, Phèdre, et Protagoras, des livres sélectionnés de l'Illiade d'Homère, Eschyle, *Prométhée enchaîné*, et *Électre* de Sophocle. Ses élèves devaient lire Euripide, *Les Bacchantes*, et étaient invités à donner leurs impressions concernant le culte dionysiaque. Les étudiants et les élèves de Nietzsche étaient manifestement impressionnés par la compétence et l'enthousiasme de leur professeur. Leurs rapports étaient cordiaux mais sans familiarité. Il était un enseignant exigeant avec lui-même, se sachant capable d'atteindre même les moins doués et moins motivés de ses élèves par l'entremise de sa passion.

De nombreux élèves qui suivaient ses cours ont laissé des témoignages concernant l'éloquence et l'enthousiasme de Nietzsche. Ses collègues se sont comportés à l'amiable envers lui. En effet, ils l'ont élu doyen de la faculté en 1874, ce qui reflète la confiance, sinon l'amitié de ses pairs. Bonne réputation, fruit de sa solitude et de son autodiscipline ascétique. Parmi les plus célèbres de ses collègues de l'Université de Bâle, et le plus important, Jacob Burckhardt. Il faut compter aussi

Vischer-Bilfinger qui était un spécialiste grec devenu une force majeure dans l'administration de l'université. C'était lui qui avait contacté Ritschl à Leipzig afin de tout arranger pour l'embauche de Nietzsche. Bachofen, mieux connu aujourd'hui pour son travail sur le matriarcat, était un ethnologue franc-tireur et un historien romantique. Dans son livre sur la Grèce ancienne il se référait à l'opposition Appolon-Dyonisos, même si Jules Michelet était probablement la source la plus influente de Nietzsche à cet égard. Bachofen a souligné la modernité des réalisations de l'antiquité grecque, et il a résisté à l'influence des historiens rationalistes via une méthodologie sobre et implacable. Lorsque Nietzsche a livré ses deux conférences publiques, sur le drame musical grec et Socrate, il se savait précédé par Bachofen, qui défendait une vue presque aussi radicale que la sienne. Ludwig Rütimeyer résistait au principe de la sélection naturelle de Darwin concernant les variations accidentelles, en prônant les théories anti-darwininistes influentes de Karl Ernst von Baer. Même si Nietzsche n'a jamais connu Rütimeyer personnellement, comme Bachofen et Burckhardt, Rütimeyer l'a aidé à nourrir l'aspect scientifique de ses recherches. Ludwig Rütimeyer est né le 26 février 1825 à Biglen et mort le 25 novembre à Bâle, paléontologiste, zoologiste et anatomiste suisse. Il suit tout d'abord des études de théologie avant de s'orienter vers la médecine et les sciences naturelles qu'il étudie à Paris. Il est ensuite nommé professeur de zoologie et d'anatomie à l'Université de Bâle.

Dans les années suivantes, il étudie la faune préhistorique en Suisse et publie plusieurs études décrivant différents groupes de mammifères. En particulier, dans une étude parue en 1867, il met en avant les liens entre différents représentants des ruminants et des ongulés.

En outre, Nietzsche vint à découvrir les écrits de Rütimeyer sur les Alpes qui aiguisèrent sa curiosité.

« Quand nous n'observons que les phénomènes internes, nous sommes comparables aux sourds-muets qui devinent aux mouvements des lèvres les paroles qu'ils n'entendent pas. De ce qui apparaît au sens interne, nous déduisons des phénomènes visibles et différents, que nous percevrions si nos moyens d'observation étaient suffisants, et que l'on nomme l'influx nerveux. »[8]

Nietzsche a par ailleurs étudié de nombreux biologistes, naturalistes de tous horizons, et ces théoriciens influenceront durablement son corpus intellectuel. À commencer par Friedrich Albert Lange et son *Histoire du matérialisme* paru en 1866. Il présentait le sujet humain comme un corps-organisme avant d'être une somme de savoir et d'entendement pur au sens kantien. Son criticisme virulent rejetait les catégories transcendantales pour surligner les déterminismes psychophysiques. Il appliquait la grille de lecture darwinienne à l'organisme humain même, déduisant une biologisation intégrale de la subjectivité, que Nietzsche complètera par un empirisme de son cru. Il finira par en déduire sa conception des vérités comme simples substrats organiques, produits d'expériences sensibles arbitraires. Il établira par la suite, tout au fil de son œuvre, une véritable incarnation corporelle de la sphère métaphysique sans pour autant plonger dans un pur biologisme primitif.

Le vitalisme de Nietzsche a été nourri de ces lectures originelles, il présenta d'ailleurs un sujet de thèse ayant pour objet la notion d'organisme chez Kant. La physiologie, les sciences naturelles et la médecine allaient compter pour lui tout autant que les présocratiques ou

---

[8] *Fragments posthumes, 1888, 1889,* Editions Gallimard, 1977.

Schopenhauer. Son approche de la subjectivité, non pas comme système intellectualisant mais pluralité vivante et organique, se verra renforcée par l'étude de Rudolf Virchow et son ouvrage *la Pathologie cellulaire* (1858), qui remettait déjà en cause le mythe d'une unité du moi, et d'un centralisme organique hypothétique, ouvrant la voie à l'idée de pluralité d'entités cellulaires menant leurs propres visées au sein d'une subordination biologique à l'ensemble de l'organisme. Le monde cellulaire est rapproché d'un État républicain, à la fois unique et pluriel, un « Nous » complétant l'habituel « Je ». Wilhelm Roux l'embryologiste et Claude Bernard lui permettront d'affiner ses notions d'assimilation, d'excitation, d'irritation et d'appropriation. La multiplicité des forces en présence étant interprétée par la volonté engendrant alors la production des perspectives, qu'il finira par intégrer à son projet de volonté de puissance. Il soutiendra ce plan avec certaines idées proches d'un eugénisme social et biologisant, quels que soient les argumentaires égalisateurs de penseurs humanistes ayant tenté ces dernières années de l'expurger de ces tendances très répandues en son temps. L'on pourra situer une des contradictions de sa pensée dans l'articulation entre une défense de la souffrance comme condition même de l'expansion du vivant et un projet visant à l'élimination des expressions morbides (la souffrance du vivant s'étant dressée finalement devant lui à Turin, comme une forteresse imprenable et rédhibitoire).

Il développera, via ses nombreuses études, son approche singulière de la volonté comme effet retard, pointe aiguisée d'une constitution aveugle et intelligente à la fois, au service comme un étendard des appétits qui la sous-tendent, blessée par les carences qui l'accompagnent et la hantent, entité qui interprète dans un perspectivisme subjectif les séries de possibles dont elle est le fruit.

Jacob Burckhardt était intellectuellement attiré par ce jeune Nietzsche, savant brillant, et ils ont partagé leurs intérêts passionnés pour la musique, l'art et la culture en général. Burckhardt et lui pouvaient deviser à satiété de Wagner et Beethoven, Haydn et Mozart. Des années plus tard, Nietzsche enverrait à Burckhardt chaque livre qu'il avait publié, et Burckhardt les lirait et admirerait tous, sans pour autant adhérer réellement à cette entreprise intellectuelle qui allait à rebours de son classicisme. Au cours de leurs années à Bâle, chacun des deux appréciait leur association sans la confondre avec une amitié banale. Si Beethoven avait su séduire Burckhardt, Wagner lui répugnait. En revanche, les cinq premières années de la période à Bâle de Nietzsche peuvent aussi être appelées sa période Wagner. Wagner vivait avec la baronne Cosima von Bülow à Tribschen, une villa à la périphérie de Lucerne, un train et une carrière derrière lui et Bayreuth devant. Le soutien du roi Louis II de Bavière et d'autres partisans de la « musique de l'avenir maintenant » a permis la construction d'un théâtre spécial, le célèbre Bayreuth Festspielhaus, théâtre des performances collectives de Wagner. Pendant ce temps, Tribschen incarnait le lieu idyllique de Wagner, une zone d'évasion hors de son mode de vie frénétique propre à Munich. Là où il a planifié et discuté de Bayreuth avec Nietzsche, ce jeune universitaire passionné parmi d'autres. Lui et Wagner s'étaient rencontrés à Leipzig. Nietzsche a d'abord visité Tribschen, situé sur une colline boisée près de la rive du lac de Lucerne, avec le Mont Pilatus à l'horizon, le 15 mai 1869. Ironiquement, les retournements esthétiques de Nietzsche lui firent retrouver a posteriori les positions de Burckhardt, en matière musicale du moins. Au cours des trois années suivant cette première approche, Nietzsche aura visité Tribschen de nombreuses fois, passant plusieurs vacances avec la famille Wagner, ainsi que leurs innombrables animaux domestiques, Cosima mettant toute son énergie à réaliser les divers caprices du maître, Nietzsche participant aux entrevues fastueusement mises en scène à la façon de tableaux par Cosima, mini-opéras et anniversaires kitsch, célébrations de dévotion qui, rétrospectivement, sont difficiles à comprendre, à moins que l'on accepte que Nietzsche était lui-même amoureux de Cosima, de neuf ans son aînée, elle aussi étant enchantée par la présence de ce jeune penseur si singulier. Dans une lettre écrite dix ans plus tard, Nietzsche avait vu Sarah Bernhardt se produire sur scène, il dira à sa mère et sa sœur que le maniérisme et la beauté de Bernhardt lui rappelaient Cosima Wagner. Et dans le dernier texte autobiographique que nous avons de la main de Nietzsche, écrit en décembre 1888, il y déclarait sa haine pour sa mère et sa sœur, mais y avouait son affection indéfectible pour Cosima, véritable réceptacle symbolique de toutes les frustrations et cristallisations à caractère amoureux du créateur de Zarathoustra.

Les périodes de Nietzsche loin de Bâle étaient presque toujours des vacances. Interlaken et le mont Pilatus en juillet et août 1869, avec un bref séjour à l'hôtel Römerbad à Badenweiler, dans la Forêt noire. À Badenweiler, il ne fait aucun doute qu'il a visité les thermes romains dédiés à Casseiopia, ainsi que la forteresse de Baden, construite au XII^{éme} siècle, et détruite pendant la guerre de Trente Ans. L'été suivant, au début de juin, il a voyagé avec Rohde, sa propre mère et sa sœur dans l'Oberland bernois, en visitant de nouveau Interlaken. Il a estimé son salaire insuffisant pour assumer des voyages de ce type, sa mère s'est d'ailleurs sentie obligée de lui envoyer des fonds sur son épargne. D'autres formes d'insatisfaction se font jour en lui. D'abord, sa profession d'enseignant menace d'absorber toutes ses énergies, d'autre part, l'attraction de Tribschen, dans la mesure où Cosima et Richard auraient aimé une plus grande implication de Nietzsche auprès d'eux, enfin, lui manque quelque chose de plus vaste que la philologie, quelque chose de plus grand encore que la philosophie académique, une façon de penser qui serait aussi une œuvre d'art. En avril 1870, un jeune théologien a rejoint le corps professoral des universités, encore une fois en raison des travaux de recrutement de Wilheim Vischer-Bilfinger. Vischer a organisé les chambres au nom du nouveau professeur, Franz Overbeck, dans la maison de Nietzsche à Schützengraben. Ils y cohabitaient avec Heinrich Romundt, qui avait écrit sa thèse de doctorat sur la Critique de Kant de la raison pure, et qui appelait leur maison « Poison Cottage », en référence à un célèbre restaurant et bar à vin de Bâle portant le nom rébarbatif *Das Gifthüttli*. Overbeck est devenu l'ami qui servirait la mère de Nietzsche, (mais pas sa belle-sœur), avec constance et fidélité, jusqu'à la mort de Nietzsche. De lui, Nietzsche pensait qu'il était grave, compliqué, candide, personnellement aimable, et le moins chercheur que l'on pourrait souhaiter comme ami. En juillet 1870, il a appris la déclaration française d'entrée en guerre imminente contre la Prusse et a signé une lettre de fidélité à la Suisse, même s'il n'était ni Prusse ni Suisse. La France et l'Allemagne avaient besoin de plusieurs semaines pour se préparer pour la bataille, et une accalmie inquiétante descendait sur l'Europe et l'Allemagne avant la grande mobilisation. Nietzsche a eu des entretiens intenses avec Jacob Burckhardt, de nature tellement prémonitoires sur la politique en Europe qu'il en a été surpris. Burckhardt savait que la guerre franco-prussienne ne serait pas une escarmouche traditionnelle entre dynasties monarchiques, que ce serait une guerre industrialisée des États-nations, une répétition de la guerre totale. Nietzche en a été rempli de crainte et d'incertitude. Ses amis Wagner et Cosima von Bülow étaient plus près de Paris que de Berlin au moment de la déclaration, ils se divertissaient avec Catulle Mendès et Camille Saint-Saëns à Tribschen. Pour sa part, Nietzsche avait besoin de temps pour réfléchir. Il avait déjà décidé contre Cosima de participer à la guerre indirectement, côté prussien, en tant que médecin. Pour le moment, il se retira dans une sorte de retraite. Avec sa sœur, il se rendit à Brunnen sur le lac de Lucerne, en poursuivant son périple à la fin de juillet dans une vallée solitaire et spectaculairement belle, près d'Amsteg, au nord d'Andermatt, la Maderanertal.

La vallée Maderan s'étend de l'est au nord d'Amsteg dans la vallée de la Reuss vers le glacier Hufi. Ce glacier alimente la puissante Chärstelenbach, la rivière qui s'étend jusqu'à la Reuss. Nietzsche et Elisabeth ont commencé ce voyage à Amsteg et ont avancé au nord-est vers Bristen, puis continué à Balmenegg et son Hôtel Alpenclub. Aujourd'hui, l'Hôtel Maderan propose une randonnée de trois heures au-delà de Bristen, à quelque 1350 mètres d'altitude. À gauche, les falaises grises du Windgällen dominent la vallée, à droite, les sommets un peu plus éloignés de la Bristenstock. Immédiatement au-delà de son hôtel, Nietzsche pouvait se tenir debout sur un promontoire et arpenter la vallée irriguée par pas moins de huit cascades. Parmi elles, la « Lactée », et, plus impressionnante de toutes, la «Duster», Elisabeth et lui ont occupé le nouveau bâtiment plus luxueux de l'Hôtel Alpenclub. Là, avant même de signer le registre, ils ont fait la rencontre d'Adolf Mosengel, un peintre de paysage de Hambourg. Mosengel a renforcé la détermination de Nietzsche à se joindre au corps médical de Prusse (le Felddiakonie, un précurseur de la Croix-Rouge), et ils finiront par quitter la Maderanertal pour les champs de bataille de Lorraine. Nietzsche a travaillé sur « La vision du monde dionysiaque », un texte qu'il offrira à Cosima Wagner en décembre (elle et Richard Wagner ont influencé cette œuvre par leurs tempéraments respectifs). Nietzsche a quitté la Maderanertal et a voyagé à Erlangen pour sa formation médicale, qui a duré dix jours, du 13 au 22 août 1870, quelques notes éparses font part de sa courte expérience, notamment celle du 20 août où il a chloroformé un soldat français, appliqué un plâtre, découvrant que sa main en morceaux, utilisant les narcotiques pour calmer les douleurs, avant lui, c'était une fille de onze ans, à qui il fallait enlever un fragment d'os de sa jambe. Puis un garçon avec une grave blessure à la tête…

De nombreuses années plus tard, il avouera que cette formation lui a été très pénible.

Un Prussien est mort à l'hôpital, une balle dans le poumon, puis un autre, et enfin une épidémie de diphtérie s'est déclarée à l'hôpital. Après l'arrivée à Karlsruhe, Nietzsche et Mosengel ont traversé le Rhin pour les champs de bataille d'Alsace. À partir du 24 août, ils ont voyagé en train et à pied à travers les champs de bataille, près de Wissembourg, Sulz, Gersdorf et Wörth. Le 29 août, ils avaient atteint Haguenau et Bischweiler, près de Strasbourg, que les Prussiens tenaient assiégée. Le 2 septembre, ils avaient progressé au-delà de Nancy à Ars-sur-Moselle, près de Metz, où le front majeur s'était formé. Les forces du General von Moltke avaient creusé un fossé entre les deux armées françaises, et une série de batailles décisives et sanglantes s'ensuivit : Mars-la-Tour, Thionville, Gravelotte. En Ars, Nietzsche et Mosengel ont été affectés à deux voitures différentes, chacune avec six soldats grièvement blessés dans un train qui devait les ramener à l'hôpital militaire de Karlsruhe.

Sur les deux jours, et deux nuits de « voyage », à travers un temps pluvieux et froid, Nietzsche bandait et alimentait les blessés.

Il décrivait à Richard Wagner les visions de soldats aux os brisés, la diphtérie galopante. Il était lui-même infecté par la dysenterie et la diphtérie, et au moment où il est revenu à l'arrière, à Erlagen, il s'est effondré. Après une semaine d'hospitalisation, Nietzsche a été renvoyé à la maison de sa mère à Naumburg pour récupérer. Il y rédige une lettre détaillée à Carl von Gersdorff, écrite à partir de cette expérience traumatique. Après une messe célébrée à la veille de la bataille de Mars-la-Tour, von Gersdorff a raconté comment il avait trébuché sur la tombe d'un ami commun de Schulpforta, un anonyme du nom de Kurt Flemming. À une lettre similaire de Nietzsche, l'une des nombreuses lettres qu'elle détruirait lorsque Nietzsche romprait avec le maestro, après 1878, Cosima Wagner lui répondrait combien elle était dans l'empathie.

Nietzsche était trop affaibli physiquement et émotionnellement pour revenir au front. L'absence de signification des choses était devenue pour lui une question centrale. Cette traversée brutale dans le monde de la guerre lui avait donné un aperçu de la vulnérabilité et de l'absurdité de toute vie humaine. Comme la plupart des hommes, il en revint profondément affecté et troublé. Sa mère était heureuse de retrouver son fils en vie et pensait que la guerre lui avait conféré un sens plus pragmatique des choses, moins livresque, plus dévoué à ses proches. Pendant ce temps, il a essayé de se consacrer à l'ancienne poésie grecque. Son scepticisme concernant la Prusse et l'Allemagne s'était en fait accentué. Une première *Inactuelle* qu'il rendrait publique dévoilerait ce doute à contre-courant de l'opinion de son temps, à savoir sa conviction que le pouvoir, l'impérialisme, le nationalisme, le chauvinisme et les positions militaristes qui en découlent contredisaient toutes les avancées de civilisatio.

Sa perception du vivant se ressentira durablement de cette expérience militaire, sur les plans ontologique, épistémologique, éthique et politique. Il ne pourra escamoter le caractère abrupt de l'agressivité naturelle à l'origine des jugements moraux s'appuyant donc désormais à ses yeux sur des socles illégitimes pour évaluer quoi que ce soit. Les symptômes qu'il a pu envisager de près lors de ce conflit, refoulés par les docteurs de la bien-pensance, manifestaient les forces inconscientes capables de rompre tout équilibre habituel. Assumer leur nécessité sans dénégation souffreteuse, accueillir la violence du chaos hasardeux, c'est à de tels compromis qu'il s'était résigné les années suivantes. Le « cosmocentrisme » qu'il développerait plus tard finirait par se retourner en étau sur sa soif de liberté, comme ces tranchées sur les cadavres, aliénant structurellement l'assentiment esthétique qu'il proposerait comme remède.

En cette période totalement chaotique, Nietzsche était retourné à son enseignement à Bâle, bien qu'il n'eût pas encore récupéré des efforts et des exactions de la guerre, puis a cherché une consolation dans les conférences de Burckhardt sur l'histoire du monde, qu'il attendait chaque semaine. Il a également étudié l'ancienne figure d'Empédocle d'Agrigente, comme Hölderlin avant lui, voyant en ce penseur l'archétype même du tragique. Il transfèrerait nombre de tendances décelées dans la pensée d'Empédocle bien plus tard dans sa création en forme d'apothéose : Zarathoustra.

Vers la fin de 1870, l'une des chaires de philosophie à Bâle a été annulée. Nietzsche ignorait tout des manigances académiques, seuls comptaient la philologie et son ami Erwin Rohde. Il donna deux conférences publiques à Bâle, « le drame grec de la musique », présenté en janvier 1870, et « Socrate et la tragédie », le 1er février puis propose son manuscrit « La vision du monde dionysiaque » en 1870 comme un cadeau de Noël à Cosima Wagner sous le titre « la naissance de la pensée tragique ».

La Naissance de la Tragédie représentait beaucoup plus que les fruits de plusieurs années de labeur. Nietzsche jeta un regard derrière le voile chatoyant du temps, une tombe béante apparut dans le cimetière de son enfance. Son idée de Dieu avait été déchirée par la hantise des morts et de la guerre. Socrate et la duplicité du logicien et dialecticien avaient provoqué une pure tragédie philosophique qui l'attirait, *les Dialogues* de Platon ont continué de le séduire, comme en écho à ce qui allait se révéler bien plus tard la tragédie de sa propre pensée.

Les réponses au livre ont été longues à venir, et Nietzsche les attendait avec une certaine appréhension. Lorsque l'attente est devenue trop longue, et quand des voix consternées l'ont soupçonné d'être un adversaire de la philologie, il constata, amer qu'on le considérait comme un criminel. Il a été entraîné dans une polémique avec Ulrich Wilamowitz-Moellendorf, qui a fustigé *la Naissance de la Tragédie* en la traitant de péroraison, lui demandant de tenir sa parole, à savoir qu'il se charge de voyager à travers l'Inde et la Grèce, mais qu'il laisse son travail et sa chaire, où il était censé enseigner une science. On l'invita à recueillir des tigres et des panthères sur ses genoux, mais pas les jeunes philologues de l'Allemagne, censés être dans l'apprentissage et l'abnégation du travail ! Le souhait d'interdiction de Wilamowitz apparut presque simultanément avec une recension positive d'Erwin Rohde, mais il a fallu attendre la réponse de Rodhe à Wilamowitz, intitulée *Afterphilologie*, qui peut être diversement traduit par *philologie de second rang* ou *anal-compulsive philologie*, pour que la polémique éclate réellement. Ritschl a commencé à se distancier de son élève le plus prometteur. Les étudiants de Nietzsche à Bâle lui sont globalement demeurés fidèles. Il a riposté aux accusations d'usurpation proférées par Wilamowitz dans des lettres à ses amis, où l'on trouve des références aux sous-entendus allemands *William sans Wits*, et *Willy Whamo-mauviette*. Pourtant, Nietzsche savait bien que ces polémiques ne feraient que le distraire de sa tâche propre. Dans des lettres écrites quelques mois plus tard, il se demande à lui-même de s'abstenir de ces polémiques, s'invitant à extraire de lui-même toute agressivité tortueuse, et il se pose la question rhétorique, comment se sentir une fois pour toutes purgé de toute la négativité et l'indignation qui se trouvent cachées en soi ? Plusieurs années plus tard, il a avoué à Hans von Bülow que cette purgation était le but principal de toutes ses *Méditations*, à savoir nettoyer son âme de toutes ses passions et autres déchets polémiques. Pourtant, tout au long de sa vie, y compris jusqu'aux toutes dernières publications, il fera régulièrement montre d'un ton porté à l'imprécation, à l'insulte et au conflit (le ressentiment qu'il condamnera théoriquement étant souvent mêlé à ses humeurs). Sa sensibilité était contrastée entre son enthousiasme pour ce travail consacré à la pensée tragique et sa lassitude à l'égard de la philologie, ambivalence qu'il décrira dans une lettre de condoléances adressée à Carl von Gersdoff, dont le frère était décédé après avoir passé plusieurs années dans un asile d'aliénés.

Les cinq prochaines années, le philologue indocile cheminera de la philologie à la philosophie, se captivant pour les philosophes grecs, il donnera des conférences sur Schopenhauer, qui était pour lui un « médecin de la culture », et Wagner, l'incarnation même du génie schopenhaurien.

Malgré ce rejet apparent de la discipline philologique, il gardera toute sa vie les principes ascétiques de recherche intègre assimilés à l'occasion de cette pratique exigeante. Il les transfèrera notamment dans sa méthode généalogique appliquée à la complexification du vivant qui sera pour lui l'occasion d'exercer sa lucidité radicale de façon spectaculaire.

À Lugano, il travaillera sur le manuscrit final de *la Naissance de la Tragédie*, ressentant comme une blessure son activité de professeur, sentiment lié à son sens aigu de l'aliénation que représentait de façon grandissante pour lui la philologie. La première phase de cette transformation a été la série de conférences « sur l'avenir de nos instituts pour l'éducation », s'impliquant pour penser l'avenir du Gymnasium allemand. Il donnera cinq conférences de janvier à mars 1872, marquées par un style dramatique et vif, empruntant librement les aspects de ses propres expériences à Pforta et Bonn afin de critiquer toutes les pratiques éducatives qui étouffent l'éclosion du génie. Pourtant, Nietzsche n'a pas envisagé de suggestions concrètes pour une réforme éducationnelle, les transformations socio-économiques qui étaient en train de révolutionner l'ordre social de son temps, et le rôle des écoles et des universités par la même occasion, ne lui donnaient pas le temps d'envisager techniquement des mutations pédagogiques précises. Son pessimisme et son désir d'être un enseignant d'enseignants ne débouchèrent malheureusement pas sur un véritable projet.

Quatre inactuelles de Nietzsche, et d'autres étapes intermédiaires, ont été rédigées et dictées (en fonction de son état de santé dégradé) pendant les années 1873-1875. La première, une polémique contre David Friedrich Strauss, écrite à la demande de Wagner au printemps 1873, est peut-être la mieux connue, parce que l'insistance de Nietzsche à souligner que la victoire de la Prusse sur la France en 1870 n'était nullement accompagnée par des progrès de la culture allemande représentait un constat factuel qui commençait à faire mouche. David Friedrich Strauss, né à Ludwigsbourg, près de Stuttgart le 27 janvier 1808 et mort à Ludwigsburg le 8 février 1874, est un historien et théologien allemand. Après des études de théologie, pendant lesquelles il lit Georg Wilhelm Friedrich Hegel et Friedrich Daniel Ernst Schleiermacher, il est répétiteur de philosophie au Tübinger Stift, séminaire protestant de Tübingen, de 1832 à 1835, là où Hegel, Schelling et Hölderlin avaient été élèves 45 ans auparavant.

Son premier ouvrage est *La Vie de Jésus (Das Leben Jesu)*, paru en 1835 et traduit en français par Emile Littré entre 1839 (tome 1) et 1853 (tome 2). Ce livre a scandalisé son époque en montrant un Jésus de Nazareth historique, et non divin, et par sa vision des Évangiles comme récit inconscient des premières communautés chrétiennes. Après la publication de cet ouvrage, David Strauss fut révoqué et vécut désormais comme professeur de lycée et homme de lettres dans sa ville natale.

Sous l'influence de la philosophie hégélienne de l'histoire, Strauss est amené à replacer le message de Jésus dans la culture et la religiosité de son temps, qu'il oppose à la dogmatique des églises du XIXème siècle.

Son travail historique sur le nouveau testament fait de lui l'un des pionniers de l'investigation historique sur ces questions. Les positions de Strauss ont été critiquées, entre autres, par Bruno Bauer dans sa *Kritik der evangelischen Geschichte der Synoptiker* (1840-1841) et dans *Philo, Strauss, Renan und das Urchristentum* (1874) : ces critiques portent, notamment, sur la priorité chronologique de Marc par rapport à Matthieu et à Luc, que Strauss contestera tout au long de sa vie en dépit des travaux décisifs de Christian Hermann-Weisse *(Die evangelische Geschichte kritisch und philosophisch bearbeitet* paru en 1838) et de Christian Gottlob Wilke parus en 1838, sur la conscience messianique de Jésus. Cette oeuvre que l'on peut qualifier de désacralisante a nécessairement marqué Nietzsche.

La seconde inactuelle, prévue initialement comme un essai sur « le sort de la philosophie », est devenue une méditation fondamentale de Nietzsche sur l'histoire, « sur l'utilisation et l'Inconvénient de l'Histoire ».

Dans la troisième, « Schopenhauer éducateur », il a largement ignoré les enseignements de Schopenhauer et s'est plutôt concentré sur sa lutte pour résister à l'académisme philosophique, enfin, « Richard Wagner à Bayreuth » était une célébration de l'effort dans lequel Wagner s'était engagé, mais criblé de doutes quant aux wagnériens et envers la personnalité même du compositeur. Plus d'une douzaine d'*Inactuelles* prévues seront non réalisées.

Nietzsche, alors qu'il écrivait sur l'ère tragique des Grecs, avait également prévu de publier comme sa seconde œuvre majeure « Le chemin de Thalès à Socrate », mais les missions qu'il recevait de Wagner le distrayaient de son travail. Le même constat doit être fait pour l'essai « Vérité et mensonge dans un sens extra moral », philosophiquement parlant la plus ambitieuse des premières œuvres de Nietzsche. Elle est liée à la préface « Pathos de la vérité », l'une de ses cinq préfaces pour cinq livres non écrits, un cadeau de Noël à Cosima Wagner en 1872.

L'AUTONOMIE

Les cahiers du début des années 1870 de Nietzsche présentent sa passion non seulement pour les philosophes grecs, mais aussi pour la métaphysique et l'esthétique de Kant, ainsi que pour les questions de chimie contemporaine, de physique, de cosmologie et de biologie. Ils contiennent également des notes qui résistent à la classification, traitant notamment de Prométhée et d'Empédocle. En 1872, un jeune collègue à l'Université de Freiburg-im-Breisgau, Karl Mendelssohn-Bartholdy, fils du compositeur, invite Nietzsche à voyager avec lui à Athènes, voir la Crète et Naxos. Craignant d'offenser les Wagner, Nietzsche a décliné l'invitation. Wagner avait écrit un pamphlet contre Mendelssohn et Meyerbeer, « *Judaïsme dans la musique* », et le jeune épigone de Wagner ne voulait pas être associé avec les ennemis du Maître. En effet, les lettres de Nietzsche à sa mère ou à Richard et Cosima Wagner, sont, à l'époque, souvent désobligeantes à l'égard des juifs et du judaïsme. Ce n'est qu'en prenant de la distance avec Bayreuth et les Wagner, fin 1876, après qu'il eut lié amitié avec Paul Rée au cours de l'hiver 1876 à 77, que Nietzsche déclare apprécier la culture juive et sa haine de l'antisémitisme alors en très forte hausse dans son pays. Son rapport à la religion et aux codes moraux du judaïsme est resté toutefois ambivalent, restant définitivement émaillé de considérations très négativement connotées à l'ombre de Bayreuth. Lui et Rohde ont visité les Wagner dans leur charmante résidence d'été à l'extérieur de Bayreuth, l'Hôtel Fantaisie, où le Maître et son entourage sont restés d'avril à août. Wagner a posé la première pierre du Festspielhaus de Bayreuth lors de son cinquante-neuvième anniversaire, le 22 mai, Nietzsche était convaincu de l'importance de l'événement, il est resté incertain quant à savoir si le monde culturel était prêt à relever le défi wagnérien ; au fond, il n'était pas sûr que Wagner pourrait résister à la tentation de transformer tout cela en spectacle, et ne finirait pas par trahir la musique avec le spectacle, et capitaliser sur cette « trahison ».

Pendant ce temps, Nietzsche lui-même s'est distancé de plus en plus de ses propres compositions musicales. Wagner l'avait taquiné sur ses improvisations naïvement passionnées au piano, lui qui ne pouvait plus respecter ses propres imperfections, c'est d'ailleurs un domaine où il ne supportait guère les moqueries. Certains verront dans cette infériorité technique la raison de son acharnement futur envers le maître. Nietzsche avait envoyé une de ses compositions, son « Manfred-méditation », qui reposait sur son admiration du début de Yron, à Hans von Bülow, qui lui répondit de façon distante que son travail était l'extrémité même de la fantasmagorie, la chose la plus anti-musicale qui soit. Curt Paul Janz suggèrera que, dans ses pièces tardives, la musique de Nietzsche était devenue plus lourde, plus encombrante, moins formellement raffinée et moins lyrique, en dépit de sa tendance à « l'impressionnisme ». Les influences de Schumann et Satie, la fantaisie en moins, n'ont pas porté chance au compositeur émérite qu'il était. Dans les derniers jours de septembre 1872, Nietzsche a profité d'une brève période de vacances à Splügen et Chiavenna où il a voyagé jusqu'à proximité de Passugg. Pour la première fois il a vu la spectaculaire Via Mala, la Passugg via Thusis à Splügen, se dirigeant vers la partie des Alpes suisses, dans le canton des Grisons qui est devenu important à ses yeux.

Le lendemain, il s'est dirigé vers Splügen, s'enfonçant profondément dans le canton des Grisons, au sud de Saint-Moritz, en Engadine, la vallée plus à l'est, qui deviendrait son lieu de villégiature privilégié dans les années 1880. Ses correspondances rapportent ses découvertes de la splendeur et de la solitude alpines.

Nietzsche a voyagé principalement pour respirer. Il possédait maintenant l'un des deux endroits où il se rendrait régulièrement, une fois le poste de professeur à Bâle mis au repos. Il n'avait pas encore nagé, mais il avait respiré l'air des montagnes. L'été prochain, au cours de juillet-août 1873, il serait à Flims-Waldhaus avec ses amis Romundt et von Gersdorff, séjournant à l'hôtel Segnes-Post. Von Gersdorff a rapporté que ce qu'ils ont le plus apprecié à Flims étaient les longues promenades vers les forêts ombragées de pins, de mélèzes et autres chemins sinueux. La lecture de Plutarque, Goethe et Wagner, et les longues discussions enflammées pour principales activités.

Quand il revint à Bâle, Nietzsche a continué de donner à ses yeux un repos relatif. Il a travaillé sur une seconde intempestive, « Le sort de la philosophie », mais l'essai n'avance pas. Plus tard à l'automne, il a rédigé un contrat pour le Bayreuth de Wagner, finalement rejeté, de sorte que Nietzsche a perdu son temps. En janvier 1874, Nietzsche a été élu doyen de sa faculté pour cette année. Il a trouvé le temps de lire et prendre des notes sur tout un éventail d'œuvres allant de la théorie physique à la cosmologie, en particulier celles ayant un rapport avec la problématique du temps.

À l'été 1874, il a voyagé avec son ami Romundt, plus à l'est de Splügen et beaucoup plus au sud de Flims. Cette région sublime de la Suisse donne sur de nombreuses vallées, d'abord celle de l'Albula (Albulatal), à 1400 mètres, dont le col ouvre sur la Haute-Engadine. Dans l'Hôtel Piz Aela, Nietzsche a travaillé sur la troisième de ses inactuelles, « Schopenhauer éducateur », méditation intempestive « sur l'utilisation et l'inconvénient de l'histoire pour la vie ». Von Gersdorff l'a aidé à préparer le manuscrit. C'est à Flims qu'il a dicté à von Gersdorff huit essais « sur la Vérité et le mensonge au sens extra moral » à partir des notes de l'été précédent. Dans sa chambre de Segnes, il se sent revivre, cette vallée verdoyante en plein air est parfaitement vivifiante, une vallée progressivement ascendante entourée de hautes montagnes, couvertes de falaises pittoresques, de forêts de mélèzes assurant de l'ombre à leur maison, avec une surabondance de ruisseaux, de couleurs et de formes avenantes.

À l'Hôtel Piz Aela, Nietzsche a travaillé sur un tiers de sa méditation intempestive, « Schopenhauer comme éducateur. »

Il mentionne les Salis, famille localement réputée, portant le nom de la future amie de Nietzsche, Meta von Salis-Marschlins. Concernant son premier voyage à la vallée de l'Albula, Nietzsche écrit à Franz Overbeck, à Bâle le 30 juillet 1874, qu'il se trouve à son aise dans ce bel hôtel, bien pris en charge, et pas surfacturé. Il traverse le pont de l'Albula, qui relie et s'appuie sur deux vallées isolées dans les hautes montagnes, un endroit où il voudrait se construire, mais appréhende une obstruction de l'intestin à cause de sa consommation de vin de Veliner.

LES PÉRIPLES

Le 4 août, il s'est rendu à Bayreuth dans la nouvelle résidence de Wagner, « Wahnfried » en grande partie achevée. Il a apporté avec lui une version pour piano de Johannes Brahms, « l'Hymne triomphal », qu'il avait entendu lors d'un concert dans le Munster à Bâle puis à Zurich. Il était soudainement tombé sous le charme de la musique de Brahms mais Wagner ne partageait pas son admiration pour le compositeur, c'est un euphémisme. Cosima a comme souvent empêché la fureur de Wagner et une rupture ouverte entre eux deux.

Pour la première fois, Nietzsche a vu le génie qu'il admirait tant se comporter comme un homme tour à tour jaloux et méprisant.

Il a tenté plusieurs cures spa avant de prendre ses fonctions d'enseignant à Bâle pour l'année scolaire 1874-1875. Sa santé était mauvaise difficultés à l'estomac, migraines, myopie sévère et fatigue oculaire. Il a vainement essayé de travailler sur le texte « Nous philologues », mais ne pouvait plus vraiment s'identifier au sujet ni à ses implications. Son humeur s'est assombrie suite au décès du père de Gustav Krug, son ami d'enfance. À la fin de juin 1875, Nietzsche décrivait à Carl Fuchs sa santé altérée, découlant selon lui principalement d'une maladie de l'estomac qui commençait à faire « trembler les murs de la forteresse » de son existence. Il a consulté ses médecins, puis opté pour une cure spa dans la région de la

Forêt Noire en Allemagne, non loin de Bâle. Le 16 juillet 1875, Nietzsche se dirigea vers Steinabad, près de Bonndorf. Il ne pouvait pas vraiment comparer Steinabad et la Schwarzwald à Bergün ; la puissance de la haute montagne des Grisons, ses vallées qui se déroulaient à l'horizon, enroulées dans les brumes helvétiques, mêlées au souvenir des textures de la Forêt Noire, tout le séduisait. Le retour du même semait ses premières lueurs dans son esprit alors souverain, du côté de ces lacs imperturbables, de ces frondaisons de mélèzes et de pins plantés par la volonté des hommes et des éléments indistincts, le retour indicible de l'être pour l'être, sans la moindre légitimation venue d'ailleurs, porté par le flux de ces rivières blanchies sous la vitesse de leur débit, démultiplié ici et là, de sources en sources, des ruisseaux de l'Engadine aux Pontons de l'Albula. De Naumburg à Gênes, de Messine à Eze, de Rome à Sils Maria, de Leipzig à Venise, Nietzsche enjambait l'Europe pour envisager l'impossible. Il le paierait chèrement. Pourtant, Steinabad et Flims Waldhaus, qu'il avait visités avec von Gersdorff et Romundt deux années plus tôt, présentaient des similitudes, les nombreux sentiers de randonnée dans Steinabad étaient plus larges et moins accidentés que ceux de Flims-Waldhaus mais tout aussi tournoyants. Il trouvait la beauté de Flims plus intense, mais jugeait la Forêt Noire remarquablement dense, et à même de happer ses souffrances. Cette forêt s'est avérée particulièrement bénéfique pour ses yeux : il a passé de nombreuses heures de marche à l'ombre des pins géants rougeâtres et blancs, chênes, bouleaux, hêtres et frênes. Il s'est rendu vers les étangs à truites, a gambadé dans les clairières comme un enfant sauvage, rentrant à la nuit tombante avec des visions de forteresse médiévale, comme ces ruines de Roggenbacher, dont les puissants murs et tours ont été détruits au cours de la révolte paysanne de 1524 à 1525.

Nietzsche espérait alors que sa cure d'été dans Steinabad lui ferait un effet suffisamment favorable pour se rendre à Bayreuth au Festival de fin d'été. À cet égard, le remède a échoué. La pluie dura douze heures par jour et cette humidité permanente n'arrangea pas son état. Il en profita pour étudier le développement du commerce mondial, et des questions de politique internationale.

« Mais comment nous retrouver nous-mêmes ? Que la jeune âme se retourne vers sa vie antérieure et se demande : « qu'as-tu vraiment aimé jusqu'à ce jour, quelles choses t'ont attirée, par quoi t'es-tu sentie dominée et tout à la fois comblée ? Fais repasser sous tes yeux la série entière de ces objets, vois comme ils se complètent, s'élargissent, se transfigurent mutuellement, comme ils forment une échelle graduée sur laquelle jusqu'à présent tu as grimpé jusqu'à ton moi. »[9]

Nietzsche a commencé à écrire « *Richard Wagner à Bayreuth* », la quatrième de ses considérations inactuelles, pour compenser peut-être la distance prise entre les deux hommes. L'été 1875 fut aussi une époque de plans pour l'avenir des études de Nietzsche, qu'il a à un moment appelé son « panier de travail pour les sept prochaines années », comprenant des études dans les sciences historiques et naturelles.

Dans de nombreuses lettres, il a parlé de son « grand plan », non seulement pour les études futures, mais pour son écriture qui donnerait à sa vie la cohérence à laquelle il aspirait. Ses réflexions sur le style de ses premiers écrits, *les Méditations Intempestives* et *La Naissance de la Tragédie*, sont de plus en plus critiques. À un collègue français qui l'avait complimenté sur sa *Naissance de la Tragédie*, Nietzsche avait exprimé des doutes tenaces

---

[9] *Troisième Considération inactuelle : Schopenhauer éducateur, Fragments posthumes 1874-1876,* Editions Gallimard.

quant à son propre style qu'il jugeait désormais proche d'un interminable monologue.

La quatrième *Considération inactuelle* sur laquelle il a commencé à travailler au cœur de Steinabad prendrait plus de temps à être écrite que toutes les autres réunies, mais pêchait donc par ce style de monologue qui lui pesait désormais. Il aspirait à développer un genre d'écrits s'ouvrant à la multiplicité des voix et des empreintes, moins univoque. C'est durant cette période que Nietzsche a décidé que, même s'il devait vivre pour les autres, il aurait à écrire pour lui-même.

Entre ses maux de tête, douleurs oculaires, étourdissements, nausées, insomnies, indigestions, tendances neurasthéniques, fixations obsessionnelles, il lui fallait donner corps aux différentes forces qui le travaillaient, lui, l'incroyant religieux, qui allait devoir démultiplier les figures littéraires au service de cette pluralité somatique. La séduction esthétisante de son écriture ciselée aurait pour charge d'assumer des masques dédoublant les énergies mutantes affleurant à sa conscience, pensant que l'univers ne se justifiait uniquement qu'en tant que phénomène esthétique, et que l'art nous était donné pour nous empêcher de mourir de la vérité.

Sa collaboration écrite avec Wagner, avortée, lui a ouvert les yeux sur ses dépendances affectives et la perte de temps qu'elles ont induit dans son existence.

« Le conscient est l'évolution dernière et tardive du système organique, et par conséquent aussi ce qu'il y a dans ce système de moins achevé et de moins fort. (...) On le tient pour une quantité stable donnée ! (...)

On le considère comme « l'unité de l'organisme » ! Une tâche demeure toute nouvelle et à peine perceptible à l'œil humain, à peine clairement reconnaissable, la tâche de s'incorporer le savoir et de le rendre instinctif. »[10]

Ces études stylistiques ne trouveront leur nouvelle expression qu'à partir de la deuxième partie de *Humain, trop humain*, publié à la fin de 1879, Le Voyageur et son ombre annonçant ce renouveau formel et d'approche.

C'était aussi un temps de réflexion personnelle, en particulier sur l'importance de l'amitié et de la maladie dans sa vie.

La nécessité de prendre ses limites physiques plus au sérieux, et donc de se concentrer sur son plan de travail nécessitait une planification sérieuse, de sorte qu'il lui fallait chasser cette tendance à la tergiversation.

« Et si, un jour ou une nuit, un démon se glissait furtivement dans ta plus solitaire solitude et te disait : « cette vie, telle que tu la vis et l'as vécue, il te faudra la vivre encore une fois et encore d'innombrables fois ; et elle ne comportera rien de nouveau, au contraire, chaque douleur et chaque plaisir et chaque pensée et soupir, et tout ce qu'il y a dans ta vie d'indiciblement petit et grand doit pour toi revenir, et tout suivant la même succession et le même enchaînement ...»[11]

Il écrit une lettre pleine d'affection en date du 2 août 1875 à Mme Marie Baumgartner, la mère d'un de ses élèves, résidant dans la ville voisine de Lörrach. Marie Baumgartner s'est avérée être l'une des amies les plus généreuses à l'égard de Nietzsche pendant ses années de Bâle, l'aidant pour ses manuscrits, épreuves, traductions, et autres questions techniques. Dans une lettre à Erwin Rohde, Nietzsche la décrivait comme la meilleure mère qu'il ait jamais connue...

---

[10] Le Gai savoir, éditions Robert Laffont 1993.
[11] *Le Gai savoir,* Flammarion, 1997.

Retour à Bâle, Nietzsche a emménagé dans un logement plus spacieux sur le Spalentorweg. Sa sœur est encore avec lui, cette sœur qui il faut le dire, au-delà de toutes les polémiques quant à son rôle posthume, l'a accompagné et aidé tout bonnement à vivre pendant la majeure partie de son existence…

Son état de santé a continué à se détériorer au cours de cet automne et en hiver, devenant critique pendant les vacances de Noël, toujours un moment de crise pour Nietzsche tout au long de sa vie d'adulte.

On lui a donné la permission de trouver un remplaçant temporaire pour son enseignement secondaire. Et c'était tout ce qu'il pouvait faire pour continuer à long terme d'enseigner ses cours magistraux et autres séminaires à l'université. Pour la semaine de relâche, lui et von Gerdorff se sont rendus à la rive orientale du lac de Genève, ont visité Veytaux et le château de Chillon, près de Montreux. En dépit du temps froid et pluvieux, les amis ont pratiqué des promenades quotidiennes pendant cinq ou six heures d'affilée. Ils ont visité Bex, dans la vallée du Rhône, promenade toujours vigoureuse, en dépit de la mauvaise santé de Nietzsche. Il semble paradoxalement avoir toujours possédé un niveau d'énergie élevé, contrant ses diverses pathologies par une compensation de la volonté et un tempérament inlassablement combattif. Il a visité des amis à Genève durant le mois d'avril, et après une brève fréquentation, il a proposé le mariage à Mathilde Trampedach, une jeune musicienne d'origine hollandaise, la proposition est d'ailleurs arrivée tellement vite que l'on peut légitimement soupçonner Nietzsche d'avoir anticipé son refus. Il a d'ailleurs développé des amitiés toujours plus solides que ses tentatives amoureuses, souvent décalées ou irréalistes, voire peu motivées. L'amitié qui l'accompagnait avec très grande régularité était celle d'Heinrich Köselitz, le compositeur qui a pris le pseudonyme de Peter Gast sur ses conseils. Le philosophe a essayé de faire connaître les productions musicales de Peter Gast tandis que celui-ci corrigeait et transcrivait les manuscrits de Nietzsche.

En revanche, Paul Rée sera un ami et un rival, affectant durablement sa confiance en ce type d'affinités intellectuelles. Il est arrivé à Bâle au printemps 1873, en tant qu'ami de Romundt, mais Nietzsche et Rée ne sont devenus proches que durant l'annee que Nietzsche a passée du côté de Sorrente. Malwida Meysenbug, grande érudite passionnée de Wagner et de toutes sortes d'intellectuels qui sont devenus des amis fidèles de Nietzsche, a invité les hommes à voyager avec elle à Sorrente, près de Naples, à l'automne 1876. Meysenbug, avec Marie Baumgartner, s'est destinée à devenir une « mère » pour Nietzsche, du fait de son empathie totale à l'égard de son travail ainsi que de sa personne.

Malwida souhaitait qu'ils se retrouvent tous en un même lieu ce qui correspondait à un désir profond de Nietzsche tout au long de sa vie, être intellectuellement soutenu et épaulé. Lui et Rée étaient en train de planifier le voyage. Un étudiant de Nietzsche devait se joindre à eux, Albert Brenner, et ils s'engagèrent à vivre dans un style de monastère pour esprits libres, une sorte de colonie idéaliste, ou une Université Libre à petite échelle. Nietzsche a bénéficié d'un passeport suisse et d'une lettre de protection du canton de Bâle, même s'il n'était pas suisse, mais apatride, ou, comme défini par la désignation officielle, un sans patrie. Le 1er octobre, il a voyagé avec Paul Rée à Bex, ville située dans le canton suisse du Valais, qu'il avait visitée avec von Gersdorff au printemps. Ils sont restés pendant deux semaines à Bex, où Nietzsche a travaillé sur sa cinquième méditation inactuelle, « l'esprit libre. »

Ce travail n'a jamais été réalisé, même si des fragments de celle-ci apparaissent dans le livre qui a marqué un tournant pour lui, *Humain trop humain*. En octobre, les 19 et 20, les deux amis sont passés à Genève, où le jeune Brenner s'est joint à eux, puis à Gênes, en passant par le Mont-Cenis et Turin. Pour la première fois de sa vie, Nietzsche voyait la Méditerranée. Il voyagea de Gênes à Naples par bateau, s'arrêtant à Livourne pour un détour par Pise. Les trois hommes sont arrivés à Naples durant la nuit du 25 au 26 octobre. Brenner a indiqué que le voyage s'était déroulé sur une mer calme, sauf pour les vingt-quatre dernières heures, et que Nietzsche avait « tenu pendant longtemps » avant de lui aussi succomber au mal de mer (le retour en mai serait plus mouvementé à cet égard).

À Naples, les trois amis se sont joints à Malwida von Meysenbug, qui les accompagne au promontoire de Posillipo, au sud de Naples, sur la baie qui mène au Vésuve, Sorrente, et Capri. Deux jours plus tard, ils se sont rendus à Sorrente, pour l'hiver.

Malwida et ses compagnons ont visité les Wagner deux fois au cours des semaines suivantes pour des excursions ou des soirées. La plus aventureuse de leurs sorties fut le voyage à dos d'âne à la pointe de la péninsule de Sorrente, afin de célébrer l'anniversaire de Malwida.

Pourtant, le journal laconique de Cosima et le silence quasi total de Nietzsche concernant cette période indiquent à quel point la distance entre le philosophe et Wagner était devenue irréversible. L'amitié ne fait aucun doute entre Nietzsche et Rée, que Cosima n'envisage pas avec aménité en ayant découvert que ce dernier était « Israélite ». Meysenbug a connu un certain soulagement une fois Wagner parti pour Rome le 7 novembre où il s'en alla compléter Parsifal.

Nietzsche est quant à lui resté pour écrire *Humain, trop humain.* Son ami Albert Brenner peint pour sa famille restée au pays une image de la vie quotidienne à la Villa Rubinacci où les quatre esprits libres ont pu concevoir leur propre mode de vie : nage, marches, travail, conversations, selon la météo. Parfois, ils ont parcouru les montagnes au sud de Sorrente dans le golfe de Salerne. Dans la soirée, Paul Rée lit à haute voix. De l'automne au printemps, la lecture et la discussion prennent une place très importante : ils ont commencé avec des notes de conférences de Jacob Burckhardt sur la civilisation grecque, soutenues par des commentaires de Nietzsche, qui avait discuté de ces conférences avec Burkhardt dans les moindres détails, en s'appuyant sur les grands historiens grecs, Hérodote notamment. Pour Rée, la vanité était à la racine de tous les systèmes moraux. Paul Ludwig Karl Heinrich Rée était le second fils d'un propriétaire terrien juif originaire de Hambourg. Après une scolarité difficile en raison de problèmes de santé, il obtint l'Abitur en 1868 au lycée Joachim Faller de Berlin. Dès cette époque, son intérêt le poussait vers la philosophie morale, mais son père lui imposa des études de droit, qu'il suivit à l'université de Leipzig. En 1870, alors qu'il effectuait son année de volontariat, il fut mobilisé et se retrouva parmi les troupes immédiatement engagées au feu. Blessé dès les premiers combats, à la "Bataille de Saint-Privat" (18 août), il rentra en Allemagne, où il reprit ses études de droit, avant de se tourner vers la philosophie. En mai 1873, alors qu'il rendait une visite à Heinrich Romundt à Bâle, où celui-ci venait d'être nommé privat-docent de philosophie pour le semestre d'été, Nietzsche fit sa connaissance alors qu'il se trouvait en pleine rédaction de sa première *Considération inactuelle contre David Strauss*. Il apprécia d'emblée la subtilité de ses raisonnements, et sa prédilection pour la pensée moraliste. Rée nourrit à l'égard de son aîné une admiration instinctive. L'échange de lettres qui suivit la publication des *Observations psychologiques* en 1875 lui permit de recevoir l'approbation de Nietzsche et aux deux hommes de reconnaître enfin leur amitié. En octobre 1876, après avoir assisté au premier Festival de Bayreuth, ils firent un séjour ensemble à Bex, avant de prendre la route de Sorrente, où ils passèrent ce fameux hiver ensemble. A Sorrente, Rée commença son essai sur *L'origine des sentiments moraux* et Nietzsche écrivit une grande partie des aphorismes d'*Humain, trop humain*, dans lesquels ses amis schopenhaueriens dénoncèrent l'influence, selon eux néfaste, de Paul Rée. La publication des deux ouvrages (dès 1877 pour celui de Rée, précédant d'un an celui de Nietzsche) fut l'occasion de nouveaux échanges intellectuels entre les deux amis, que la maladie tint éloignés l'un de l'autre pendant plusieurs années, hormis de brèves retrouvailles à Leipzig en avril 1878 et un séjour de Rée à Naumburg, chez la mère de Nietzsche, en janvier 1880, au moment où une crise très forte de sa maladie laissait penser à une mort imminente.

Grâce à *L'Origine des sentiments moraux*, Rée fut promu docteur en philosophie par l'université de Halle. Après avoir essuyé un refus de titularisation de la part des professeurs de philosophie hégéliens de l'université d'Iéna, effrayés et scandalisés par ses livres, Paul Rée abandonna cependant peu à peu l'espoir de faire une carrière universitaire et se retira pendant plusieurs années dans la propriété familiale de Stibbe bei Tütz, en Prusse-Occidentale, se consacrant alors pleinement à la rédaction de *La Genèse de la conscience morale*.

L'AMOUR

En février 1882, ayant retrouvé la santé, il rendit visite à Nietzsche à Gênes, où les deux amis eurent l'occasion d'assister à plusieurs représentations de la Dame aux camélias de Dumas fils avec Sarah Bernhardt dans le rôle-titre, puis, répondant à l'invitation de Malwida von Meysenbug, il poursuivit le 14 mars sa route vers Rome, non sans avoir entre-temps perdu tout l'argent qu'il avait sur lui au casino de Monte-Carlo. C'est alors, le soir même de son arrivée chez Malwida, qu'il fit la connaissance d'une "jeune Russe" qui attira immédiatement son attention : Lou Andreas-Salomé.

« N'est-ce pas mieux de tomber entre les mains d'un meurtrier que dans les rêves d'une femme en chaleur ? Et voyez-moi donc ces hommes ! Leur œil le dit- Ils ne savent rien de mieux ici-bas que d'être couchés près d'une femme. Vais-je vous conseiller la chasteté ?

[…] Certes, ils se contiennent, mais à travers tout ce qu'ils font, la chienne Sensualité, quand on lui refuse un morceau de chair, sait d'un morceau d'esprit se faire la mendiante ! »[12]

Tombant immédiatement sous le charme de la jeune fille, Paul Rée ne tarda pas, quelques jours plus tard, à la demander en mariage. Lou saisit alors cette occasion pour lui affirmer son "besoin tout à fait effréné de liberté" et sa

---

[12] *Ainsi Parlait Zarathoustra*, Editions Gallimard, 1971.

ferme volonté de ne pas s'engager dans la voie du mariage. En outre, elle lui présenta un projet de vie commune, vouée totalement aux travaux intellectuels, qui ne fut pas sans rappeler à Paul Rée l'ancienne idée de *cloître pour esprit libre* que Nietzsche et Malwida avaient évoquée jadis à Sorrente.

Un mois plus tard, Nietzsche, dont la curiosité pour cet *être extraordinaire* avait été éveillée par Paul Rée et par Malwida, survenait à l'improviste de retour d'un séjour à Messine, d'où le sirocco l'avait chassé au bout d'un mois, et acceptait d'emblée le projet de Lou Salomé, y trouvant l'espoir de sortir de la solitude de plus en plus grande dans laquelle il se trouvait.

Quelques jours après, tous trois prirent le chemin du retour, sur lequel ils se ménagèrent des étapes : sur les rives du Lac d'Orta d'abord, dans le Nord de l'Italie, jusqu'à Lucerne, où Nietzsche eut l'idée d'immortaliser en quelque sorte leur *Trinité* en mettant malicieusement en scène la fameuse photographie avec le fouet tenu par Lou. Puis ils se séparèrent provisoirement, avec le projet de passer l'hiver ensemble, à Vienne ou à Paris. L'impossibilité pour Nietzsche d'accepter totalement que sa relation avec Lou restât simplement amicale et intellectuelle rendit cependant illusoire une telle idée de vie commune. En outre, Nietzsche put constater, lors de la dernière occasion qu'il eut, à Leipzig en octobre-novembre, de revoir Lou et Rée, que les liens entre ces derniers s'étaient entre-temps (au cours des séjours de Lou à la propriété familiale des Rée à Stibbe) considérablement resserrés et créaient désormais une distance entre eux et lui.

Le 15 novembre, il quittait Leipzig pour retourner dans sa solitude d'ermite, écrasé par un sentiment de désespoir dont il ne commencera à vraiment se libérer que plusieurs mois plus tard, en écrivant la première partie d'*Ainsi Parlait Zarathoustra*.

Paul Rée et Lou s'installèrent alors ensemble à Berlin et réalisèrent avec succès le rêve de communauté intellectuelle cher à Lou. Très vite, ils surent s'entourer d'un groupe d'universitaires, parmi lesquels l'historien de la littérature Georg Brandes, l'historien Hans Delbrück, l'indologue Paul_Deussen, le psychologue Hermann Ebbinghaus, le pédagogue Rudolf Lehmann, le géologue et explorateur Paul Güssfeldt et le sinologue Wilhelm Grube, qui peu à peu s'adjoignirent au petit cercle philosophique que Lou et Rée formèrent dès 1882 avec les amis de Rée, Heinrich Romundt, Ferdinand Tönnies et Heinrich von Stein.

Leur vie commune prit fin cependant lorsque, après l'échec de sa dernière tentative pour obtenir un poste à l'Université et la publication de sa *Genèse de la conscience morale*, Paul Rée décida à l'automne 1885 de commencer des études de médecine. Quelques mois après les fiançailles de Lou avec l'orientaliste Friedrich Carl Andreas en novembre 1886, il rompit toute relation avec elle et partit terminer ses études à Munich, où il reçut en 1890 ses diplômes de médecine. Pendant les dix années suivantes, il s'employa à prodiguer ses soins désintéressés aux paysans vivant sur le vaste domaine que son frère possédait à Stibbe. Lorsque celui-ci abandonna Stibbe, en 1900, Rée partit finalement pour l'Engadine et s'installa à Celerina, apportant infatigablement, au cours de longues et parfois périlleuses marches, une assistance médicale aux populations montagnardes, qui ne tardèrent pas à le considérer comme une sorte de saint. Le 28 octobre 1901, s'étant engagé sur un glacis au sommet d'une paroi rocheuse plongeant tout droit dans l'Inn, il glissa et fut précipité dans le fleuve. Un travailleur, qui avait assisté à la scène de la rive opposée, retira le corps des flots. C'est là, à Celerina, que se trouve aujourd'hui sa tombe. Il laissa des textes qui démontrent l'interaction intellectuelle entre les deux philosophes, notamment ses fameuses *Observations psychologiques*, en 1875, *son Origine des sentiments moraux*, en 1877, *sa Genèse de la conscience morale*, en 1885, ainsi que son *Illusion du libre arbitre* la même année.

Nietzsche, Rée, Malwida et Brenner étaient assis près de la cheminée, à peler des fruits, vivant dans une sorte de maison de missionnaires sans dieu, se préparant à diffuser une culture spiritualisée. Au cours des journées, Rée et Nietzsche cherchaient des grottes le long de la côte rocheuse où ces enseignants d'un nouveau genre pourraient instruire leurs élèves, dans les voies de l'illumination et de l'émancipation. Durant Noël, le programme de lecture a changé, peut-être en raison de l'influence de Rée, mais certainement en accord avec ses propres désirs, puisque Nietzsche a lu les moralistes français et les sceptiques, Montaigne, La Rochefoucauld, Vauvenargues, La Bruyère, Stendhal, et Voltaire, à qui *Humain, trop humain* serait finalement dédicacé. Enfin, au printemps, les quatre ont lu et discuté de la pensée de Ranke, de l'histoire de la papauté, et du Nouveau Testament. Nietzsche jugeait ce dernier fondamental pour tout étudiant en philologie. Il s'en souviendrait en rédigeant son *Antéchrist.* La santé de Nietzsche sembla s'améliorer progressivement, mais il dut subir quelques rechutes graves et fut malade pendant plusieurs jours de suite. Les jours cléments, il s'est rendu à Naples, afin de subir un examen médical, puis à Pompéi pendant dix jours au début de mars, à l'Ile de Capri le 23 mars. Il a visité Paestrum également, un site bien conservé comprenant des temples grecs antiques, à seulement cinquante kilomètres au sud de Salerne. Dans ses notes à partir du printemps et de l'été 1875, il a observé l'oscillation des colonnes de ces temples, qui semblaient être à égale distance, mais en fait ne l'étaient pas. Cette oscillation architecturale l'a beaucoup marqué.

Brenner et Rée ont quitté le groupe en paix, l'idylle de Sorrente touchait à sa fin. Nietzsche lui-même a quitté les lieux en mai de cette année 1877. Il est retourné en Suisse, voyageant par bateau de Naples à Livourne et Gênes, puis en train de Gênes à Milan. Il termina ce parcours à Lugano, où il résida dans l'hôtel du parc. Le voyage en mer vers le nord s'était avéré plus aventureux que celui vers le sud.

Nietzsche a bientôt fait route vers d'autres cieux, via Thoune, Interlaken, Brienz, et Meiringhen, pour parvenir à Bad Ragaz, où il est resté pendant trois semaines à l'Hôtel Tamina. Le 10 juin, après n'avoir tiré aucun bénéfice ni aucune guérison, il a quitté Bad Ragaz pour Rosenlaui-Bad. Là, dans une vallée parsemée de pins des Alpes bernoises, entouré de sommets enneigés, il a passé le reste de l'été, peut-être en essayant de répéter son expérience de 1870 dans la Maderan Vallée, ou l'expérience Flims-Waldhaus de 1873. Sa cure dans Rosenlaui-Bad lui a fait profiter de l'air des alpages, de leurs produits laitiers, et d'une concentration accrue pour son livre commencé à Sorrente, *Humain, trop humain*. Une fois encore Nietzsche a ressenti son affinité de toujours pour les Alpes. Son retour imminent à Bâle et à l'enseignement induisait des interrogations ambivalentes en lui. D'une part, le rappel du quotidien terne de Bâle le consternait, mais en même temps, bien qu'il voulait désormais se consacrer à sa philosophie et à son écriture, il se rendait compte que ses activités ne lui assuraient en rien un avenir matériel ni social, tandis que ses obligations d'enseignement lui garantissaient quant à elles un tel débouché.

Pourtant, quelque chose avait changé une fois pour toutes dans son esprit, la philologie semblant maintenant être une sorte de voile gis bouchant le plein essor de ses pensées. Il pressentait que l'exacerbation de ses pensées lui serait mentalement défavorable, ses médecins l'avaient averti, et le prix de cette tendance se traduirait par des migraines chroniques et finalement la cécité. La crainte de la folie le hantait déjà, tout en le fascinant, il créera d'ailleurs plus tard le personnage de l'insensé qui annoncera la mort de Dieu dans son Zarathoustra.

Le 3 décembre 1877, le titre et le contenu *d'Humain, trop humain* étaient prêts pour l'impression. C'était le livre dans lequel les questions métaphysiques seraient régulièrement subordonnées aux diverses problématiques psychologiques, le travail dans lequel il entamerait une investigation généalogique de la métaphysique et de la morale humaine. Quelques semaines plus tard, Wagner lui avait envoyé le livret de ce qui s'est avéré être son dernier grand drame musical, Parsifal. Nietzsche, qui connaissait ce projet en détail depuis des années, a été repoussé par sa piété lugubre, l'ensemble lui paraissait être un morceau de propagande plus qu'une œuvre d'art. Dans une lettre, il tourne en dérision Parsifal comme étant un « hégélianisme dans la musique », encore plus tard, il a noté que Parsifal et Bismark proposaient les mêmes options diplomatiques que Rome. *Humain, trop humain* a choqué Cosima et Richard Wagner qu'ils ont perçu comme une charge de haine athée. Au même moment, de vieux amis de Nietzsche, von Gersdorff, Rohde et Overbeck se sont mariés ou ont recherché des alliances, de sorte qu'ils se sont tous éloignés de lui. Nietzsche une fois de plus se retrouve dirigé par sa sœur Elisabeth, qui gère la totalité de son intendance, dans un appartement à Gellertstrass, près de la porte de St.Alban, à la périphérie de Bâle, vivant un moment de crise, au sens grec originel de la séparation.

La crise de sa vie est ici, la fécondité surabondante de sa nouvelle philosophie devant contrer l'isolement quasi absolu qui le frappe alors. En harmonie avec lui-même mais sans certitudes, il continue de se battre contre son corps défaillant. En passant par Meiringen, Nietzsche avait rencontré le Dr. Otto Eiser, un médecin wagnérien. Après un bref interrogatoire, M. Eiser demandait à Nietzsche d'aller à Francfort pour un examen physique complet. Ce qu'il fit du 3 au 7 octobre 1877. Le Dr. Eiser et ses collègues ont noté la détérioration des rétines de Nietzsche, ils ne pouvaient que spéculer sur son « excessive activité intellectuelle » pour expliquer la cause de ses migraines et violents troubles d'estomac. Ils lui prescrivent des cures de toute nature, et rien de moins qu'une baisse radicale de sa charge de travail est exhortée. Nietzsche a maintenant demandé un remplaçant permanent pour lui-même à la Pädagogium dans le Mentelinhof. À la fin de mars 1878, il a été officiellement libéré de ses obligations d'enseignement secondaire, qu'il n'avait pas remplies depuis octobre 1876. À ce moment, son existence à Bâle se désagrégeait lentement. En avril 1878, son ami Köselitz, qui avait copié le manuscrit pour l'impression et corrigé les épreuves de *Humain, trop Humain*, est parti pour Venise. Le mois suivant, le jeune élève et ami de Nietzsche, Albert Brenner, qui avait été avec lui à Sorrente pour la plus grande partie de l'année, est mort de la tuberculose après une longue agonie.

« C'est ainsi que, grâce à cet art d'idéalisation, quelques peuples ont fait de certaines maladies de puissants auxiliaires de civilisation : par exemple les Grecs qui, dans les siècles antérieurs, souffraient de grandes épidémies nerveuses (sous forme d'épilepsie et de danse de St-Guy) et en ont formé le type magnifique de la bacchante. Les Grecs ne possédaient rien moins qu'une santé équilibrée, leur secret était de rendre même à la maladie, pourvu qu'elle eût de la puissance, les honneurs d'une divinité. »[13]

Sa sœur a été rappelée à Naumburg : leur mère a cru que les chances de se marier pour son fils seraient améliorées si Elisabeth faisait son retour à Naumburg. Elisabeth a quitté Bâle le 8 juillet, après quoi Nietzsche a emménagé dans un appartement spartiate de l'autre côté de la ville, à Bachlettenstrasse, non loin des jardins zoologiques. Il a conçu un certain nombre de plans et calendriers détaillés de sa journée de travail, en vue d'utiliser et conserver ses forces au mieux.

« Bien des hommes sont si accoutumés à être seuls avec eux-mêmes qu'ils ne se comparent pas du tout aux autres, mais qu'ils déroulent le monologue de leur existence dans un état d'esprit paisible et gai, en bonnes conversations avec eux-mêmes, et même en rires. Mais si on les amène à se comparer à autrui, ils inclinent à une subtile dépréciation d'eux-mêmes : au point qu'il faut les forcer à réapprendre d'autrui une bonne et juste idée de soi. »[14]

À la fin d'avril, son carnet de notes est devenu un livre publié : *Humain, trop humain*. Beaucoup de ses amis, et parmi eux les Wagner, ont montré une hostilité ouverte à son œuvre, d'autres, y compris Rohde et Overbeck, ont été rebutés par son nouveau ton. D'autres encore, ont célébré ce tournant dans son écriture ; parmi ceux-ci, Jacob Burckhardt, qui ne pouvait que bénir Sorrente pour avoir, comme il le croyait, sauvé Nietzsche de l'ombre nordique de Wagner, ainsi que Paul Rée, qui était là pendant la majeure partie de la gestation du livre.

---

[13] *Humain, trop humain,* Librairie Générale Française, 1995.
[14] *Ibid.*

Cosima gronda contre ce livre de « Judée » qui avait selon elle trahi le style germanique, et elle a brûlé toutes les lettres de Nietzsche, Rohde a plaint quant à lui les lecteurs de ce livre qui seraient refroidis de façon glaciaire après avoir été réchauffés par un volcan. Richard Wagner et même Malwida Meysenbug déplorent le fait que leur ami soit devenu un rationaliste. Wagner a pris la plume pour condamner l'apostat dans l'édition de septembre de la Bayreuther Blätter. Certains lecteurs jugent aussi sévèrement le style du livre, estimant qu'il s'agit d'un fatras de notations et d'opinions. En fait, les neuf chapitres d'aphorismes ont été très soigneusement ordonnés et orchestrés. Nietzsche avait pris une paire de ciseaux pour la version finale du manuscrit, la réorganisation, la renumérotation, et un titre pour chaque aphorisme. Le résultat a été une riche fabrique multiforme, beaucoup plus soigneusement tissée que la plupart des anciens « monologues » de ses textes primitifs. Pourtant, parce que Nietzsche avait renoncé au cercle Wagner, et n'avait pas encore créé un nouveau réseau de lecteurs, le livre a été un échec cuisant pour son éditeur, Ernst Schmeitzner.

Nietzsche a passé l'été de 1878 dans l'Oberland bernois. Il est resté dans la loge des alpinistes sur le Männlichen, près de Grindelwad, bénéficiant d'une vue sur la Jungfrau. C'était un choix heureux pour sa santé, mais les conditions météorologiques ont changé rapidement et radicalement, et Nietzsche a subi des attaques répétées de maux de tête et de nausées. En fin d'été, il était à Interlaken à l'Hôtel von Unterseen, son état de santé restant problématique. Après un mois à Naumburg, il retourne à Bâle pour ce qui sera son dernier semestre dans l'enseignement universitaire. Marie Baumgartner l'a aidé à préparer le manuscrit « annexe » à *Humain, trop Humain*, intitulé « un recueil d'opinions et maximes », publié le 12 mars 1879. Burckhardt a félicité son jeune collègue de façon chaleureuse en le définissant comme un vagabond juché sur des sommets vertigineux. Il reçut avec émotion l'hyperbole de Burckhardt. Durant ces mois, la lecture ne lui était possible que pour une demi-heure chaque jour. Il a demandé les dialogues de Fontenelle avec la mort. En mai, il voyage à Genève et à Wiesen, près de Davos, dans l'espoir d'améliorer sa santé. Le 6 mai 1879, il décrivait à Paul Widemann à quel point il souffrait malgré sa démission de son poste de professeur. Le lendemain, il confirme à Marie Baumgartner qu'il souffre puissamment. Il lui annonce qu'il va quitter Bâle pour toujours. Ses meubles sont en place et sa sœur doit venir le chercher. Une fois de plus, il était sans-abri, après avoir cédé à la Suisse, sa « citoyenneté. »

Il s'enfuit toujours plus loin dans les montagnes, à la recherche d'un nouveau matin. Il est devenu le vagabond même qu'il avait dépeint dans *Humain trop humain*. Ce professeur désormais à la retraite est devenu un philosophe-nomade, errant à la recherche d'un lieu où trouver l'apaisement. Son nomadisme est devenu une constante cyclique, contraint par sa biologie et nécessaire pour son œuvre. Il a passé ses hivers sur la Méditerranée, d'abord à Gênes, puis à Nice, et à Turin, bordé par les collines d'Aoste. La chronologie de ses déplacements n'est pas fortuite, elle est à elle seule le compte rendu de ses évolutions internes, son ombre portée. Le travail qu'il a accompli, le rythme de ses publications, tout indique qu'il a réussi à dépasser ses diverses pathologies pour les transcender à travers la création et le mouvement, la volonté d'ascension, le tournoiement des rencontres, des connexions intellectuelles et affectives, sans pour autant semer sa douleur de façon durable. Sa pensée a dû subir le joug de ce corps en faillite, l'écouter et s'en plaindre, pour finir par plonger vers un abîme dont la nature ne peut qu'échapper à celui qui n'a pas eu à traverser une telle épreuve.

« L'observation superficielle et inexacte voit des contraires dans la nature (par exemple l'opposition entre « chaud » et « froid »), partout où il n'y a pas de contraires mais seulement des différences de degrés. [...] Le sentiment humain s'est chargé d'infiniment de douleurs, d'empiètements, de duretés, d'aliénations, de refroidissements par le fait que l'on croyait voir des contraires là où il n'y a que des transitions. »[15]

Le Voyageur et son ombre a été publié en décembre 1879. Dans une lettre à Georg Brandes, le 19 février 1888, Nietzsche a rappelé la période qui s'est déroulée entre les *Considérations inactuelles* et *Humain, trop humain* dans sa deuxième édition (1886). Tous les livres qui ont directement suivi cette période étaient des dialogues de type socratique, fruits de sa solitude dans les montagnes ou face à la mer.

Le Voyageur et son ombre a été le premier texte composé dans la Haute-Engadine. Il a poussé plus loin au sud, passant près de Wiesen, Davos, via Tiefenkastel, l'Albula et Julia, élevé dans la Haute-Engadine, à 1800 mètres d'altitude. Il a pris une chambre dans une maison privée près du village de Champfèr, à une demi-heure de St. Moritz, la station balnéaire qui était trop chère pour lui. L'administration de l'Université de Bâle lui avait accordé une pension de 3.000 francs suisses, à peine suffisante pour ses besoins pourtant modestes ; sa dépense unique étant vouée aux transports.

« Immédiatement à côté des hommes tout à fait nocturnes se trouve généralement, comme liée à eux, une

---

[15] *Humain, trop humain, Le Voyageur et son ombre,* Librairie Générale Française, 1995.

âme de lumière. C'est en quelque sorte l'ombre négative qu'ils jettent. »[16]

Son régime alimentaire était ascétique : pratiquement pas de viande mais beaucoup de lait et de fromage. Lorsque le temps le permettait, il faisait sept ou huit heures des randonnées à travers les collines et autour des lacs de St-Moritz, Silvaplana et Sils. Ses lettres à des amis et à sa famille décrivaient l'Engadine comme une découverte d'une importance particulière, en raison de ses brefs regains de forme. À la fin de 1879, il se sent prendre possession de l'Engadine, se vit comme dans son élément, éprouvant un net soulagement. À sa mère, au début de juillet, il estime y trouver les meilleurs bois, lacs, sentiers de randonnée, l'air plus vivifiant, St. Moritz s'avérant alors le seul endroit qu'il goûte décidément. Chaque jour, par beau ou mauvais temps, il se dit reconnaissant de cet air. Les lettres suivantes, à Franz Overbeck le 11 juillet 1879, et la seconde pour Paul Rée à la fin du mois, décrivent pourtant l'état déplorable de sa santé et undésespoir croissant.

Il s'est alors lassé de l'Engadine, envisageant de revenir à Naumburg pour y devenir jardinier ! Le 11 septembre 1879, il a décrit son plan à Heinrich Köselitz en des termes évoquant une sorte de crise de la quarantaine.

Il a demandé à sa mère de prendre des dispositions pour qu'il habite au cœur d'une tour dans les vieux murs de la ville près de Weingarten.

En septembre 1879, il est retourné à Naumburg, subissant le pire automne de sa vie et un Noël calamiteux. Lors d'une crise particulièrement grave de migraine, il a

---

[16] *Humain, trop humain, Le Voyageur et son ombre,* Librairie Générale Française, 1995.

perdu conscience. Ses pensées s'approchaient purement et simplement du désir de suicide.

En janvier 1880, il a écrit au Dr Otto Eiser, qui l'avait examiné trois ans plus tôt. L'automne et l'hiver à Naumburg lui avaient appris que le rêve de vivre dans sa patrie originelle en visant une refondation définitive était une illusion, que son destin s'apparenterait à une vie de solitaire nomade.

Il décida alors de partir pour Venise sans tergiversation particulière pour ressentir un grand plaisir dans l'appartement de Koselitz, près du campo San Canciano, qui se trouvait dans le quartier populaire de Cannaregio, au numéro 5256, sur l'étroite Calle Nuova. Après un séjour avec vue sur San Michele, le cimetière île de Venise. La relation des amis n'était pas sans tension. Nietzsche se lassait parfois du maniérisme de Köselitz qui lui se plaignait de la présence terriblement absorbante de Nietzsche, non pas tant à cause du travail qu'il lui demandait, que de l'intensité même de l'homme. Ce qui les unissait était leur passion pour la musique et leur capacité mutuelle pour ce style de vie ascétique, frisant le monachisme.

Le temps était venteux, comprenant de nombreux jours de sirocco, néanmoins, il parvint à produire de nombreuses notes et aphorismes momentanément intitulés « L'ombre de Venise » qui trouveront place dans son fulgurant ouvrage qu'il décidera finalement d'intituler l'*Aurore.*

Lorsque la température commençait à monter, Nietzsche cherchait une résidence d'été. Il voulait retourner à Champfèr près de St. Moritz, mais s'inquiétait de ses dépenses. Après une période d'indécision, il a opté pour l' « Ermitage » de Marienbad, dans la forêt bohémienne. Le temps s'est avéré pluvieux tout l'été, cependant que le propriétaire de sa résidence l'« Ermitage

» était arrêté, accusé de production de faux billets dans sa cave ! L'humeur de Nietzsche était déplorable, et une fois de plus sa solitude lui semblait insupportable. L'éloignement de Wagner se révélait particulièrement lourd.

« Partout où a régné la doctrine de la spiritualité pure, ses débordements ont détruit la force nerveuse : elle enseignait à mépriser le corps, à le négliger ou à le tourmenter, et à tourmenter et à déprécier l'homme lui-même à cause de tous ses instincts ; elle engendrait des âmes assombries, tendues, oppressées, qui croyaient en outre connaître la cause de leur sentiment de détresse et peut-être le moyen de la supprimer ! »[17]

Après des semaines misérables dans Marienbad, Nietzsche a essayé de récupérer pendant cinq semaines à Naumburg, tentant d'oublier l'hiver pathétique qu'il avait récemment passé là-bas. Le 8 octobre 1880, il a quitté Naumburg pour Stresa, sur la rive sud-ouest du lac Majeur. Il a découvert la région des lacs, assez froide, songeant aux îles de Borromée. Tout à coup, sans préparation adéquate, Nietzsche a déménagé à Gênes pour l'hiver, où il est arrivé le 8 novembre. Pendant les premières semaines, il a changé de logement à quatre reprises.

Le travail, dès le lever du jour, a continué, et ce, en dépit de son mauvais état de santé et d'un certain énervement grandissant, ses notes ont pris la forme caractéristique de descriptions impressionnistes des paysages, allant des hautes montagnes aux images urbaines, méditant sur l'origine et l'impact des systèmes moraux et religieux, tout cela avec une ironie joyeuse, voire parfois hilarante, alternant avec une virulence

---

[17] *Aurore, Editions* Gallimard, 1970.

sardonique et glaçante. Même s'il condamnait régulièrement les esprits purs, aspirant à l'extase ou la sainteté, autant d'états précédant selon lui la démence, il ne semblait pas réaliser à quel point son mode de vie ressemblait à celui des prêtres, plein de gravité et de sacrifice…

Köselitz a corrigé les épreuves de l'*Aurore* en mai et juin 1881 dans le Tyrol du Sud, près de Recoaro, dans les Dolomites, avec le lac de Garde, comme témoin muet. Les deux amis ont résidé dans l'hôtel Albergo Tre garofani (« Les Trois œillets »), un hôtel élégant mais sans prétention non loin de la Fonti Centrali. La beauté sauvage des Dolomites a de nouveau affecté Nietzsche profondément, son état de santé et les conditions météorologiques se sont également avérés identiques au passé, contrecarrant les objectifs de son séjour.

En dépit de la compagnie de Köselitz et de son aide permanente, la solitude de Nietzsche l'oppressait toujours de façon insistante. Il écrit à sa mère et sa sœur, en les priant de ne pas lire son nouveau livre.

Le *Gai savoir* a été publié en août 1882. Même si ce livre était initialement conçu comme une continuation d'*Aurore* (Nietzsche le décrivait comme un appendice de celui-ci), son contenu s'est avéré être nettement différent. *Le Gai savoir* reflétait les lectures de Nietzsche dans les secteurs des sciences naturelles au cours des dernières années, notamment en mécanique, thermodynamique et théorie biologique. Il contenait également quelques-uns des passages littéraires et philosophiques les plus marquants de son œuvre.

Cet ouvrage décrit notre incapacité à connaître le monde, la mort de Dieu, la nécessité d'une affirmation tragique et l'amour de son destin, le retour du même, développe l'idée d'un savoir qui ne soit plus le négateur du monde, du corps, de la joie, mais se mette au contraire au service des forces vitales, autant de thèmes qui marqueront définitivement son sillage philosophique. La connaissance envisagée comme un pur art de vivre, et non l'accumulation poussiéreuse de données livresques, avec pour but la guérison des esprits, un triomphe spirituel sur toute forme de pessimisme, de mélancolie, et de découragement maladif.

« Non ! La vie ne m'a pas déçu ! Année après année, je la trouve au contraire plus vraie, plus désirable et plus mystérieuse,-depuis ce jour où la grande libératrice est descendue sur moi, cette pensée que la vie pourrait être une expérimentation de l'homme de connaissance- et non un devoir, non une fatalité, non une tromperie ! [...] Et qui s'entendrait à bien rire et à bien vivre en général, s'il ne s'entendait tout d'abord à la guerre et à la victoire ? »[18]

Nietzsche a envisagé ce livre comme le plus antidogmatique travail qui soit, suggérant que l'éternel retour n'est pas une doctrine ou une théorie du tout, mais une pensée possible, l'affirmation absolue de ce grand possible. L'éternel retour pourrait, à lui seul, assurer une éternité sans Dieu, et ouvrir le champ de la conscience à une affirmation libre et sauvage, auto-transcendante et artiste à la fois.

En juillet 1881, Nietzsche propose une vision à la fois terrifiante et réjouissante, opposée à toute récupération figée. Les aphorismes du *Gai savoir* ont introduit la figure de Zarathoustra et annoncé que la tragédie commence.

Dans la seconde édition de 1886, la préface définissait ce livre comme un travail de convalescence, comme celle qu'il avait ressentie du côté de Gênes, la ville de Colomb, la tragédie et l'affirmation tragique toujours contenues

---

[18] *Le Gai savoir,* Flammarion, 1997.

dans ces convalescences successives. Car après sa tentative infructueuse en mai et juin 1881 de résider dans Recoaro, Nietzsche est retourné dans la Haute-Engadine. Il a voyagé d'abord à Milan et Côme, puis jusqu'à la rive ouest du Lac de Côme, traversant les villes qui parsèment ce lac, Chiavenna entre autres, et poussant jusqu'au haut plateau de la Haute-Engadine.

Dans une carte postale adressée à Heinrinch Köseltiz, qu'il remplissait comme toutes ses cartes au bord à bord, il décrivait comment il avait cheminé vers le village de Sils-Maria par le plus total hasard. Champfèr et St.Moritz lui rappelaient trop fortement ses troubles des yeux deux ans auparavant, au point de fuir l'Engadine. Sils-Maria le retenait toutefois, dans la maison de Gian Durisch, qui deviendrait sa principale résidence d'été.

ÉTERNEL RETOUR

Après un été mouvementé et des travaux sur le *Gai savoir*, sa « vision » de l'éternel retour du même à Surlez, sur le lac de Silvaplana, Nietzsche se dirigea vers Gênes le 1er octobre 1881, ce qui était assez tard pour la saison. Fin novembre, il entendit pour la première fois Carmen de Bizet, tiré d'un livret basé sur le roman de Prosper Mérimée, enchanté par sa saveur méridionale, une musique lumineuse qui tranchait radicalement avec l'emphase enténébrée des couplets wagnériens. Par ailleurs, le récit de Mérimée faisait écho à son amour désespéré pour Lou Salomé.

À la fin de l'été, Elisabeth avait dit à sa mère toute sa réprobation envers la relation entre Lou et son frère, tentant de l'influencer pour hâter leur rupture, Franziska relayant cette volonté auprès de son fils, le culpabilisant en indiquant qu'il ferait retourner son père dans sa tombe en maintenant un tel lien affectif. Nietzsche a fui à Leipzig, où Lou et Paul se joignirent à lui pour le mois d'octobre. Quand Lou Salomé le quitta, puis Rée, il envoya des lettres désespérées pendant plusieurs mois. Parmi les notes de Nietzsche, on retrouve trace de cette période d'affliction avec ses « Tautenburger Sketches for Lou ».

Il cherchera du réconfort auprès d'Overbeck à Bâle, puis vers Gênes où il a retrouvé son ancien logement sur la Salita delle battistine occupé par quelqu'un d'autre, il s'est donc déplacé plus au sud le long de la côte à Rapallo.

Durant les mois de décembre 1882 et janvier-février 1883, il travaille donc sur la première partie de *Ainsi Parlait Zarathoustra.* L'essentiel de la première version a été rédigé en seulement dix jours à la fin de janvier. Au moment même où il s'apprêtait à envoyer le manuscrit à son éditeur, Ernst Schmeitzner à Chemnitz, Nietzsche a appris de Richard Wagner lui-même le soupçon que ce dernier faisait courir à son égard de pédérastie. Il en est tombé malade pendant des jours. Nul ne sait s'il s'agissait d'une pure malveillance ou d'une réelle interrogation de la part du compositeur.

Nietzsche était conscient qu'*Ainsi Parlait Zarathoustra* constituait un tournant dans sa vie, augmentant ses intentions lancées avec *Le Gai savoir*. Son éditeur connut un certain retard dans le délai d'impression et la reliure de la première partie, Nietzsche faisant preuve d'ironie en informant Köselitz que l'éditeur Schmeitzner était surchargé de travail d'une nature religieuse, devant imprimer 500 000 livres de cantiques avant Pâques et distribuer toute une série de tracts antisémites. De fait, il n'était guère motivé par son Zarathoustra et il a dû patienter jusqu'à la fin avril, en raison de cette concurrence chrétienne. Son sens de l'ironie lui manqua pourtant en constatant le peu d'intérêt autour de la sortie de cette partie. Peut-être avait-il fait fausse route ? Les doutes l'assaillirent, alors qu'il déployait une philosophie du dépassement, il peinait à surmonter ces interrogations. Il l'avait rédigée avec tellement d'empressement et d'intensité implacable, d'imprudence frénétique qu'il ne savait pas quoi faire de cette absence de retombées, de lectorat, de critiques. C'était l'absence de réaction devant son travail qu'il ressentait le plus cruellement, la justifiant a posteriori en théorisant sur son aspect prophétique et donc décalé, rationnalisant l'incompréhension à son égard. Il se plaignait de la même manière à dix-huit ans en ayant composé son « Ermanarich Symphony » qui n'avait guère provoqué d'enthousiasme. La ruée exaltée de l'écriture laissait place au calme déprimé. La composition finale de la deuxième partie se déroula l'été 1883 à Sils-Maria, ainsi que les pensées initiales de la troisième partie. Il a envoyé pour Heinrich Köselitz quelques paragraphes *d'Ainsi parlait Zarathoustra*, à la fin de son été à Sils-Maria en 1883, soulignant le caractère tragique de l'existence. C'est cette troisième partie qui a conduit Nietzsche à relier Zarathoustra à l'ensemble de sa première œuvre majeure, *La Naissance de la Tragédie*. C'est aussi par elle qu'il a développé l'idée d'un travail théorique à grande échelle conduisant à l'innocence du devenir et l'éternel retour. Initialement, il a conçu la troisième partie en un seul épisode, qui s'est par la suite scindé en deux épisodes dans le livre final, à savoir, « la vision et l'énigme » et « convalescence ». Une fois de plus la métaphore qu'il utilisait pour décrire ce livre était celle de la « dynamite », comme celle de la symphonie, le symbole architectural de la tour, et la personnification familiale de la paternité qu'il attribuait à son Zarathoustra défini par le statut affectueux de « fils ».

Au cours de décembre 1884, Nietzsche a cessé de travailler sur un texte en prose intitulé « Midi et de l'éternité », sans doute lié à la troisième partie de *Ainsi parlait Zarathoustra*. De janvier à avril 1885, il a travaillé sur une quatrième partie de Zarathoustra, projetant même une cinquième, sixième, et septième partie, dans la mesure où il ne pouvait envisager une mort pour Zarathoustra. En un sens, le traitement des êtres humains supérieurs dans la quatrième partie du Zarathoustra de Nietzsche reflète sa frustration sur l'impossibilité de trouver des disciples de la pensée de l'éternel retour. L'ironie amère que réserve cette quatrième et dernière partie reflète l'isolement croissant de Nietzsche. Si l'un des plans autour de cette époque portait le titre de « bon Européen », il n'en était pas moins vrai que Nietzsche a été constamment dans l'incapacité de rencontrer de tels citoyens.

Formellement parlant, il a été en mesure de construire une intrigue dramatique beaucoup plus cohérente pour la quatrième partie que pour toutes les sections antérieures de ce travail. La quatrième partie est d'une certaine manière extrinsèque à ce qui la précède. Le 4 mai 1885, Nietzsche écrit à Overbeck concernant cette quatrième partie, dont un petit nombre de copies ont été imprimées en privé au cours du printemps de 1885, affirmant qu'elle a été conçue comme une fin pour son travail. Il suffirait de lire le Prologue de la première partie pour en saisir la cohérence. Toutefois, avant même la quatrième et dernière partie de *Ainsi parlait Zarathoustra* terminée, Nietzsche a commencé à envisager tout ce travail comme une simple « préface » ou un « vestibule » pour l'œuvre théorique qu'il envisageait de composer.

Lors de son ascension au bastion maure à Eze, il a travaillé à d'importantes sections de la troisième partie d'*Ainsi parlait Zarathoustra* composées avant la fin de l'été. Après avoir parcouru beaucoup de livres de métaphysique allemande et d'épistémologie, il accumule des notes en vue d'une esquisse vers une philosophie de grands travaux, notes intenses qui ne diminuent pas avant l'été 1888, marquées par l'inquiétude intérieure et la volonté de refondation générale. Au début, elles portaient bien le titre *La Volonté de Puissance*. Pourtant, ce n'était que l'un des nombreux titres qu'il a façonnés pour elles. Ce titre provisoire devait finalement être choisi par sa sœur et Köselitz, précisément pour la version posthume et donc inédite. Le travail de Nietzsche n'a pas pu, faute de temps, trouver une forme synthétique finalisée de son vivant, ce qui a ouvert la brèche pour une instrumentalisation et des interprétations partiales. *Par-*

delà bien et mal est publié en août 1886, telle une explosion annonciatrice qui devait censément ouvrir par des commentaires épars moins métaphoriques et poétiques son Zarathoustra, qu'il envoie à partir de Sils-Maria, le 24 septembre 1886, à certains de ses proches comme Malwida Meysenbug. Il a exhorté Georg Brandes à commencer l'étude de sa philosophie dans son ensemble, en se concentrant sur cet ouvrage tout particulièrement, puisqu'il le considérait comme la clé de tout son travail. Dans une lettre à Köselitz, il exultait en parlant d'un ouvrage terrifiant qui s'était comme écoulé de son âme assombrie.

Après le détour extraordinaire *d'Ainsi parlait Zarathoustra*, Nietzsche cherchait les moyens de poursuivre son travail, pour rejoindre le cercle de ses œuvres précédentes. Parmi les thèmes de *Par-delà bien et mal*, se trouvaient en bonne place les préjugés des philosophes, en particulier leur croyance naïve dans la définition des contraires, les origines de la croyance religieuse (notamment dans le christianisme), une « histoire naturelle » de la morale, l'état actuel des sciences et des disciplines scientifiques, la notion de vertu, et enfin, le sens de la noblesse. Ce n'est pas excessif de dire que, dans ce livre, Nietzsche a pris toute la tradition de la métaphysique occidentale depuis Platon à revers. Un aspect important de *Par-delà bien et mal* était cette préoccupation accrue envers les nations et les patries. Dans la première partie, éclairée par la connaissance de son beau-frère, Bernhard Förster, et son livre sur les colonies allemandes dans La Région de Plata, au Paraguay, que Nietzsche avait lu à l'automne 1885, il s'était penché sur le nationalisme et l'impérialisme colonial de Förster dont les plans étaient en adéquation avec le militarisme et l'antisémitisme d'Adolf Stoecker, aumônier de la cour de Berlin, par ailleurs à la tête d'un parti « chrétien socialiste » que Nietzsche méprisait. De l'avis de Nietzsche, l'Allemagne était devenue une école géniale d'aveuglement volontaire. Le fait que sa sœur avait épousé dans ses aspects les plus agressifs Bayreuth et la politique de Berlin nourrissait sa colère et son chagrin au cours des dernières années de sa vie lucide. Ses notes finales en 1888 qualifiées de délirantes par les- dits experts avaient appelé à l'abolition de la Maison de Hohenzollern et à l'exécution de Stoecker, Bismark, et de tous les antisémites.

Au sein de l'argumentaire de déconstruction déployé dans *Par-delà bien et mal* demeure l'édifice conceptuel de « bon Européen ». À cet égard, le sous-titre du livre est important: « prélude à une philosophie de l'avenir ». Combien de temps Nietzsche aurait à attendre pour un tel avenir ? Il a envisagé deux hypothèses. Dans l'une, il a déclaré que *Par-delà bien et mal* pourrait trouver sa première audience vers l'an 2000, dans une autre, il a abaissé son anticipation et a suggéré que 1901 (c'est-à-dire, quelques mois seulement après sa propre mort) pourrait être l'année de sa reconnaissance.

« [...] une forme plus primitive du monde des passions, où tout ce qui se densifie et se structure ensuite dans le monde organique (et aussi, bien entendu, s'affine et s'affaiblit) gît encore au sein d'une vaste unité ; comme une sorte de vie instinctive où toutes les fonctions organiques d'autorégulation, d'assimilation, de nutrition, d'élimina-tion, d'échanges sont encore synthétiquement liées ; comme une préforme de la vie ? – »[19]

[19] *Par-delà bien et mal,* Paris, Editions Gallimard, 1971.

TRANSGRESSION

Nietzsche a terminé le manuscrit de *Par-delà bien et mal* à Pâques, le 25 avril 1886, organisant son impression privée par les soins de Constantin Gustav Naumann à Leipzig. C'est avec ce livre que Naumann est devenu un éditeur indépendant. Cependant, Nietzsche était encore rattrapé par les visées de l'éditeur Ernst Fritsch pour fournir une deuxième édition des œuvres antérieures, les droits de ce dernier pour libérer la deuxième édition des œuvres antérieures de Nietzsche ayant été achetés le 5 août 1886. Cette deuxième édition, que Nietzsche a préparée après la publication de *Par-delà bien et mal*, n'était pas motivée par des considérations commerciales, mais plutôt comme une preuve supplémentaire de la nécessité pour Nietzsche de réévaluer sa tâche intellectuelle et de veiller à sa continuité dans une autonomie totale. Les préfaces qu'il a préparées au cours des six mois suivants étaient dans sa propre estime jugées parmi les pièces les plus puissantes de son écriture, ces cinq préfaces constituant peut-être la meilleure prose qu'il ait écrite alors.

À présent, il avait abandonné le rêve de voyager au Mexique ou n'importe où ailleurs en dehors de l'Europe. Bernhard et sa sœur Elisabeth Förster partis au Paraguay ont contribué à dissiper ses rêves d'évasion exotique. Plus lyriquement, il a concédé qu'il avait besoin de l'Europe parce qu'elle était le siège de la science sur la terre. Il a quitté Sils-Maria le 25 septembre 1886, et s'installe un mois en Ligure pour travailler les préfaces de ses livres, près de Gênes. Le 20 octobre, il se trouve à Nice, où il a continué à élaborer des plans philosophiques.

Le 3 avril 1887, il voyage à Cannobio, sur la rive ouest du Lac Majeur, résidant dans la pension Villa Badia, à proximité des thermes de la Fonte Carlina. Il attend de Cannobio une solution aux problèmes de température qu'il a rencontrés les années précédentes, espérant un climat tempéré. Pourtant, Cannobio s'est avéré trop agressif pour ses yeux, et Nietzsche s'est déplacé pour prolonger sa retraite à Zürich.

Il a rejeté le Lac Majeur, pour cause d'éblouissement, ce qui était le cas de la plupart des lacs autour de Sils et Silvaplana, avec pour égale constante l'accompagnement de la solitude et des montagnes.

« Beaucoup plus souvent qu'à cet étouffement hypnotique de la sensibilité, de la disposition à souffrir, qui suppose des forces déjà exceptionnelles, et d'abord le courage, le mépris de l'opinion, le « stoïcisme intellectuel », on a recours, contre les états de dépression, à une sorte de training, en tout cas plus facile : l'activité machinale. Qu'une telle activité soulage sensiblement la souffrance, cela est hors de doute : d'où vient que l'on parle aujourd'hui à ce propos, de façon assez malhonnête, de « la sanctification du travail ». »[20]

Nietzsche a continué son périple à Coire, où il a séjourné à la Villa Rosenhügel pendant un mois, puis, par le truchement de Lenzerheide, il est retourné le 6 juin à Sils. C'est là, au cours de la semaine du 10 au 17 juillet, qu'il composa sa *Généalogie de la morale.* Dans sa forme, le travail ressemblait aux *Considérations intempestives* des années 1870, soigneusement construit, développant ses

---

[20] *La Généalogie de la Morale,* Editions Gallimard, 1971.

thèses sur les opposés « bien et du mal », « bon et mauvais », « culpabilité » et « mauvaise conscience », l'importance de l'idéal ascétique pour les religions occidentales, leur système moral, analysant également la science et la philosophie. Son style s'est avéré beaucoup plus incisif et acerbe que lors de tout son travail antérieur. Le 22 août 1888, une année complète après avoir terminé *La Généalogie de la Morale*, Nietzsche considère qu'elle se réfère à des « problèmes extrêmement difficiles », et que sa terminologie laïque ne peut que trancher avec tout ce qu'il a réalisé auparavant. La prose acérée de *la Généalogie de la Morale* correspond aux paysages de l'Engadine, les conditions atmosphériques particulières qu'il a traversées ont induit une netteté qui fait penser à cette clarté qui augmente avec le froid dont parlait Thomas Bernard. Bien que Nietzsche considère *La Généalogie de la Morale* comme une annexe à *Par-delà bien et mal*, ses origines remontent au 15 octobre 1885, à savoir le quarante et unième anniversaire de Nietzsche, jour où il écrit au baron Heinrich von Stein qu'il avait récemment lu le livre de Paul Rée sur la conscience.

Rée avait considérablement influencé Nietzsche pour l'entreprise de ce travail. Parmi les passages les plus puissants de *la Généalogie de la Morale*, l'on retrouve ceux où Nietzsche cite Tertullien sur la joie ressentie par les chrétiens devant la perspective de contempler les damnés souffrir en Enfer, et ceux où Nietzsche dépeint l'énorme étendue et la variété des ascétismes, y compris dans les philosophies de la beauté

Meta von Salis mentionne les conversations prolongées et répétées qu'elle a eues avec Nietzsche au sujet de la notion de « plaisir désintéressé », ou de celles consacrées à Kant et la beauté, ainsi que de la conception qu'avait Stendhal de cette dernière. Au XXème siècle, un certain nombre de penseurs, notamment Georges Bataille, Michel

Foucault et Gilles Deleuze, ont étendu le projet de Nietzsche d'une généalogie de la morale à des questions sociétales et politiques précises, la considérant objectivement comme étant tout bonnement l'une de ses réalisations théoriques les plus importantes.

L'Antéchrist, Le Cas Wagner, le Crépuscule des idoles, Ecce homo, Nietzsche Contre Wagner, et *les Dithyrambes de Dionysos* ont été écrits en 1888. Pour Nietzsche, toute la décennie des années 1880 a été incroyablement productive. La dernière année active de la vie de Nietzsche, 1888, a dépassé toute conception habituelle de la productivité d'un homme maladivement fragilisé. Cette année est devenue pour lui de plus en plus agitée intellectuellement, comme s'il pressentait la compression de sa lucidité à venir, avec quatre de ces six œuvres qui seront composées à l'automne et au début de l'hiver de l'année. Pendant l'automne de 1887, Nietzsche avait envisagé un retour à l'Université de Leipzig qui aurait pu contribuer à favoriser l'essor d'un travail philosophique. Pourtant, son état de santé lui interdirait un tel projet. Venise deviendrait son alternative. Le 19 septembre 1887, Nietzsche a quitté Sils-Maria pour ce qui serait sa dernière visite à Venise, la ville de Vivaldi, Köselitz ou Pitro Gasti, et où surtout, Richard Wagner était mort.

À Venise, résidant au numéro 1263 de Calle dei Preti, côté ouest de la Place San Marco, il y rédige un certain nombre de notes sur Thésée (Richard) et Ariane (Cosima), s'y décrivant lui-même dans le rôle de Dionysos. Quand il s'installe à Nice à la fin d'octobre, le sentiment qu'une époque était terminée pour lui est devenu d'autant plus prononcé.

Le 3 janvier de la nouvelle année, sa dernière année de travail, il écrit à son vieil ami Paul Deussen que tout son être s'effrite.

La majeure partie du *Cas Wagner* a été composée après le 15 mai, la plus grande partie rédigée à Sils, où Nietzsche passa sa dernière période en Engadine pendant l'été 1888, en y arrivant le 5 juin. Etudiant encore les religions hindoue, bouddhiste, juive, et chrétienne. Nul doute que beaucoup de ses notes ont été intégrées à son *Antéchrist*, qui a reçu sa touche finale suite aux conversations avec le théologien dogmatique Julius Kaftan, qui l'a visité à Sils pendant trois semaines durant l'été de 1888.

Nietzsche a commencé à travailler intensément sur *L'Antéchrist* (qui pourrait aussi être traduit par antichrétien et portait le sous-titre « Une malédiction sur la chrétienté »), dès que Kaftan a quitté Sils. Kaftan considérait l'irréligion telle une folie, et la rétribution divine à cette position comme impitoyable.

Au cours de cet été intense, Nietzsche a commencé à écrire à deux heures du matin. Dans une lettre à Meta von Salis, en date du 7 septembre, il a indiqué qu'il pouvait souvent entendre son propriétaire, Gian Durish, partir à la chasse aux chamois dans les heures précédant l'aube.

Son *Antéchrist* était dirigé principalement contre Paul, le christianisme, et l'Eglise. Il contenait aussi une analyse généalogique traitant du type « rédempteur », estimé plus proche de l'Idiot de Dostoïevski que de l'héroïsme du Jésus de Renan, Nietzsche ne supportant pas l'idée paulinienne de bonne nouvelle accolée au martyr de la crucifixion.

Nietzsche a choisi le titre sur l'insistance de Köselitz, lorsque les épreuves ont été corrigées à Turin. Naumann avait encouragé Nietzsche à publier plusieurs ouvrages plus petits, afin de stimuler l'intérêt pour son prochain opus magnum. Il en est venu à considérer *le Crépuscule des idoles* comme une excellente introduction à sa pensée.

En effet, Nietzsche concevait *le Crépuscule des idoles* comme une entrée en matière particulièrement adaptée à *l'Antéchrist.*

« Première proposition. Les raisons sur la base desquelles « ce » monde a été qualifié d'apparent fondent tout au contraire sa réalité-une autre espèce de réalité est absolument indémontrable. Les caractéristiques que l'on a données à l' « être vrai » des choses sont les caractéristiques du non-être, du néant-on a édifié le « vrai monde » à partir de la contradiction à l'égard du monde réel : un monde apparent de fait, en ce qu'il est une pure illusion d'optique morale. »[21]

Apprendre à écrire et à penser est tout le sujet de ce livre. *Le Crépuscule des idoles* contient dix sections avec une préface et un épilogue, certaines sections sont dans le style aphoristique succinct de Nietzsche, d'autres se présentent sous forme d'essais plus étendus, à la manière des considérations inactuelles. Parmi les sections les plus célèbres figurent *«Le problème de Socrate»* et « *Comment le vrai monde est finalement devenu une fable »*. Parmi les plus acerbes, celles traitant des Allemands, charriant des conseils pour apprendre à voir, penser, parler et écrire. Les premiers exemplaires du *Crépuscule des idoles*, où comment philosopher avec un marteau, lui parvinrent le 25 novembre à Turin. Il était également à Turin pour la finalisation *d'Ecce homo*, *Nietzsche contre Wagner*, et *les dithyrambes de Dionysos*. À la fin de juin 1878, il a écrit de Bâle à Carl Fuchs, qui venait de lire le premier volume de son *Humain, trop humain*.

Pourtant, c'est le ciel de Sils autant que ses montagnes qui ont permis à Nietzsche de prolonger son temps de vie.

---

[21] *Crépuscule des idoles*, Flammarion, 2005.

SOLITUDE

Il se dirigea vers Coire, au seuil même des montagnes du canton des Grisons. Il a changé de train à Zurich, où résidait son cercle d'amis, comme Meta von Salis et Resa von Schirnhofer. De Chur, il s'est rendu en calèche (en passant par Lenzerheide et Tiefenkastel), vers l'est du col de l'Albula, puis plein sud vers le col de Julia, en direction de St-Moritz, continuant par le train de Milan, puis vers le nord de Côme, et de là en bus à travers Chiavenna et le col de Maloja, en concluant par Sils.

La pensée de quitter l'Europe, pour voyager vers des villes moins connues de lui, à la périphérie de l'Europe, comme Barcelone, s'insinuait dans ses lettres au début des années 1880. Le 18 août 1881, il écrit à Elisabeth, en essayant d'expliquer son obsession de la solitude, mêlée à sa fascination pour la météorologie, avouant à Köselitz qu'il était convaincu que les champs électriques produits par les orages avaient ruiné sa santé, d'où sa recherche d'un ciel clair, ouvert et libéré de tous les champs de force insalubres. Fascination qui le conduira à créer un véritable tableau comparatif de moyennes météorologiques concernant les différents lieux où il se rendait le plus régulièrement.

Il percevait avec emphase ces interactions dangereuses, où la mort semblait se dédoubler en lui. Il a comparé Sils à un parent de sang dans l'un des passages les plus frappants du *Voyageur et son ombre* puis a mentionné avec intensité

Chàste dans une lettre à von Gersdoff, long promontoire de terre offrant des vues spectaculaires sur le lac et la vallée de Fex (Fextal, Val Fex) au sud, qui s'est avéré être un lieu de prédilection de Nietzsche en Engadine.

La solitude était ce que Nietzsche prisait le plus dans la Haute-Engadine, état rendu possible par l'absence de touristes. Un parfait no man's land pour accueillir ses nombreuses ruminations lourdes d'ensemencements théoriques novateurs.

Si nous prenons l'été 1884, typique de la solitude de Nietzsche dans les hautes montagnes, l'on note que sa retraite a toujours été ponctuée par des contacts humains importants, sans lesquels il ne pouvait guère se sentir apaisé. L'été de 1884 a scellé ses amitiés avec ses connaissances suisses, Meta von Salis et Resa von Schirnhofer, ses deux amies anglaises, Emily Fynn et Helen Zimmern, et le jeune baron Heinrich von Stein. Nietzsche pensait que Meta von Salis avait en quelque sorte "légitimé" sa présence dans l'Engadine. Avec Helen Zimmern, Meta von Salis avait le mieux compris et apprécié ses idées. C'était comme si elle avait autorisé sa présence à la façon dont le roi Friedrich Wilhelm avait accordé à son père le pastorat dans Röcken comme sa bourse de Pforta ou encore béni son parcours. L'Engadine elle-même était sa zone privilégiée, la ligne de partage célèbre entre le nord et le groupe de la Bernina escarpée au sud, constituée des plus beaux lacs et des pâturages les plus fertiles de la haute montagne. À Sils-Maria, au cours de ce même été 1884, Nietzsche est entré en contact avec l'un des plus célèbres alpinistes de son époque, Christian Klucker qui fréquentait l'Hôtel Alpenrose, où les amis de Nietzsche demeuraient, et où, au milieu des années 1880, il prenait régulièrement son repas de midi. Klucker n'aurait jamais invité le philosophe à moitié aveugle pour être son compagnon de cordée à travers le Biancograt de Pitz

Bernina, ou sur quelque autre massif, mais il était fasciné par Nietzsche. Il lui décrivait la neige au sommet du Toseg ou du Pitz Bernina, son blanc pur, teinté plus bas de brun par ses roches granulées, et la façon dont l'air balayait le sommet du Corvatsch.

Klucker était né dans le Val Fex, et avait connu toutes sortes d'histoires sur les aventures hasardeuses des aventuriers solitaires en haute montagne.

Nietzsche logeait dans un hôtel loué à Gian Durisch, qui connaissait également très bien Klucker.

Sa maison de campagne était assez grande. Il y avait des porcs et des poulets, Durish tenait lui-même un café, et était détaillant d'épices en plus d'être un agriculteur. La chambre de Nietzsche était bien éclairée par le soleil de fin d'après-midi, celui qu'il préférait. Il avait tapissé les murs d'un papier peint de couleur verte que Nietzsche appréciait particulièrement. Le philosophe avait également conçu sa propre nappe de soie verte, une couleur qu'il recherchait, tout en regrettant la hauteur des hauts plafonds de Gênes et de Nice.

Tout au long de l'été de 1884, Nietzsche a lu sa propre « littérature », c'est-à-dire tous ses livres, de *La Naissance de la Tragédie* à la troisième partie *d'Ainsi parlait Zarathoustra*. Il s'approchait de son quarantième anniversaire, faisant le bilan de la décennie mourante, ébauchant mille projets parfois irréalistes. Maintenant que la colonne vertébrale de sa philosophie était en voie d'achèvement, il travaillait sur les plans de sa structure principale.

« Se peut-il que seulement j'aie pu souffrir ? Que j'aie pu endurer et vaincre de telles blessures ? Et que de ces tombes à nouveau se soit levée mon âme ? Oui certes, il est en moi quelque chose d'invulnérable, d'inensevelissable et qui perce le roc ; et c'est ce qui se nomme mon vouloir. Taciturne, inchangé il avance de par les ans. Sur mes pieds veut aller son chemin mon vieux vouloir ; son sens a le cœur dur, il est invulnérable. »[22]

Même si la quatrième et dernière partie de Zarathoustra n'était pas encore écrite, Nietzsche a travaillé sur ses problèmes théoriques, rêvant d'une présentation plus complète et systématisée de ses vues. Il a lu un certain nombre de livres sur la métaphysique allemande, dont, à plusieurs reprises, la prose d'Adalbert Stifter, à fin de l'été. Dans ses moments de répit, il a ramé sur les lacs avec ses amis, au nord-est de la rive sud de Silvaplana, à Surlej et sa magnifique cascade, Ova da Surlej, puis parcouru au sud-ouest la rive du lac de Sils près du village d'Isola, plus loin la ville de Maloja, près de la vallée de Gex. Isola, comme les autres centres laitiers du Val Bregaglia, était célèbre pour ses anciennes maisons aux toits de pierre et ses granges typiques, située sur un delta de basse altitude formé par la Fedozbach, déjà célèbre pour ses fromages. Nietzsche s'arrêtait souvent là après ses huit heures de randonnée à Maloja. Le lac de Silvaplana, à l'est du lac de Sils, était gardé par l'imposante Piz da la Margna. Au sud et à l'ouest se trouvent les sommets du Piz Badile et de Kletterbergen du Val Bregaglia, ainsi que le col de la Maloja. Au nord, il pouvait voir les montagnes de la Suvretta, Albula et Julia Passes, qui semblaient infranchissables.L'accord entre ce paysage de montagne et le travail de Nietzsche peut être considéré de façon contradictoire, comme souvent quand on se penche sur ses problématiques existentielles, d'une part, les montagnes, les vallées, les lacs, les forêts, et les cieux paisibles de la Haute-Engadine lui ont fourni à la fois une multiplicité

[22] *Ainsi parlait Zarathoustra,* Editions Gallimard, 1971.

d'angles et de perspectives et une clarté d'orientation qui se reflète dans son travail.

Mais d'autre part, la Haute-Engadine était souvent froide et sans vie, vorace, sans bornes ni repères. Son irrépressible besoin de produire était à la fois régulé et stimulé par ces vallées, l'exposant à de nombreuses intuitions le portant portant également à des pensées funestes. L'objectif le plus accessible pour les pérégrinations de Nietzsche dans les environs de Sils était la péninsule Chastè où voyagent aujourd'hui ses lecteurs qui viennent en pèlerinage sur le gigantesque "Rocher Nietzsche," gravé d'un verset de *Ainsi parlait Zarathoustra*. Il avait facilement réussi à atteindre la pointe de Chastè après la promenade d'une demi-heure partant de la maison Durish et appréciait la variété de magnifiques fleurs sauvages aux noms parfumés ornant ce chemin : rhododendron, hirsutum, Pulsatilla alpin, sempervivum montanum, campanule Barbala, alto calcarata, litium martagon, Ranunculus glacialis, et autres marguerites. Nietzsche devisait entre haies, baies de genévriers, pins, mélèzes, oxygénant sa pensée et son écriture de juillet à août.

« Et lui-même seulement n'avait assez d'amour ; sinon il se fût moins courroucé qu'on ne l'aimât. Jamais un grand amour ne veut qu'on l'aime : il veut davantage. De tous les inconditionnels de cette sorte détournez-vous ! C'est une pauvre race malade, une race populacière : ils regardent vilainement cette vie, ont pour la Terre un œil méchant. De tous les inconditionnels de cette sorte détournez-vous ! Ils ont les pieds pesants et leurs cœurs sont de plomb,-ils ne savent danser. »[23]

[23] *Ainsi parlait Zarathoustra*, Editions Gallimard, 1971.

Les noms latins des fleurs n'étaient pas les seuls plaisirs linguistiques de l'Engadine, les dialectes rhéto-romans parlés dans les régions Laden, Surmirna et Sursilvan, le captivaient réellement. Nietzsche a décrit le paysage de l'Engadine comme une fusion de la Finlande et de l'Italie. À l'est de St.Moritz, trônaient deux villages appelés Cho d'Punt et Chamues, à travers la vallée se trouvaient les collines appelées Munt da la Bescha et Muottas.

Resa von Schirnhofer accompagnait Nietzsche à l'ouest au-delà de Chàste, le long de la rive du lac de Sils, vers Isola, puis au-delà vers Maloja. Curt Paul Janz notait que les paysages, forêts, lacs et montagnes, servaient de narcotiques à Nietzsche. Le portant au-delà du quotidien, du coutumier et des habitudes, libérant sa musique intérieure. Ces rythmes ne guérissaient pas sa maladie, ni ne soulageaient ses souvenirs douloureux, comme ceux causés par la mort récente de Wagner. Ils ne le déchargeaient aucunement de ses charges mais conspiraient à rendre son travail possible. Sils-Maria et la Haute-Engadine ont travaillé de façon à peine descriptible pour faciliter cette réalisation. Janz fait également valoir que les notes de Nietzsche à partir de 1884 montrent les signes d'une influence du paysage, comme si Nietzsche avait sondé toute sa philosophie à l'aune de l'une des pistes de montagne au-dessus de Sils, avec l'ensemble du paysage de sa pensée aménagé en perspective.

En août 1884, le jeune baron Heinrich von Stein admirait « l'énergie de la pensée » dont Nietzsche a fait preuve à l'occasion de la notion de l'éternel retour. Cette énergie a poussé von Stein à saluer Nietzsche comme un frère, un des rares dans le chaos des temps modernes. La mort du baron von Stein, le 20 juin 1887, trois ans seulement après leurs vacances communes à Sils, a provoqué en Nietzsche le sentiment familier d'une perte fraternelle.

Un des portraits littéraires les plus détaillés de Nietzsche à Sils provient d'Adolf Rutghardt, un compositeur, qui a visité l'Engadine à l'été 1885. Plusieurs années plus tard, il a enregistré ses impressions de Nietzsche.

Un portrait similaire et littéraire a été esquissé par Julius Kaftan, le théologien qui l'a visité en août 1888, lors de son dernier été à Sils. Il a utilisé ce portrait afin de justifier sa thèse sur le travail athée du philosophe l'ayant selon lui conduit à la folie. Kaftan a observé que Nietzsche était très différent de l'auteur qui écrivait si souvent avec une force stridente, qu'il a toujours parlé calmement sur les questions qui l'intéressaient le plus. Il n'y avait jamais une trace de "masque" selon Kaftan, mais en toutes choses, on sentait une profonde amabilité.

Nietzsche a pensé son isolement comme incarnant le fardeau et la promesse de sa pensée. En effet, il n'a jamais été et ne pouvait être à l'aise durablement parmi ses pairs.

À l'été de 1885, Nietzsche déclarait à Franz Overbeck que sa philosophie n'était plus transmissible, du moins pas par la parole imprimée. En effet, il a connu la plus forte résistance envers ses propres idées lors de cette époque. Un an plus tard, il avait fait remarquer qu'une femme qui était assise à côté de lui au restaurant de l'hôtel à Nice (une auxiliaire liée à l'intendance sans doute) avait attrapé un gros rhume, lié à cette froideur qu'il dégageait pensait-il !

C'est la croyance et la sacralisation des valeurs rationnelles qui entraînaient le dépit nihiliste, Nietzsche en était convaincu, ce qui lui permettait d'ouvrir régulièrement des interprétations à géométrie variable des évènements le frappant, du plus insignifiant au plus substantiel. Pendant le dernier été de Nietzsche à Sils, en 1888, tout le monde attrapait le rhume. Les six premières semaines de son séjour étaient froides et pluvieuses. Il y avait de graves inondations, et le 17 juin, il neigeait !

« Ici je sieds et j'attends, d'anciennes tables brisées autour de moi, et aussi des tables nouvelles, à demi écrites. Quand donc viendra mon heure ? L'heure de ma descente, de mon déclin ; car une fois encore parmi les hommes je veux aller. Ce que j'attends maintenant ; car il faut que d'abord viennent à moi les signes que soit arrivée mon heure,-c'est-à-dire le lion qui rit et l'essaim de colombes. Cependant je me fais à moi-même discours, comme celui qui a du temps. »[24]

Une grande partie de la vie de Nietzsche est une suite de convalescences et de rechutes, et c'est au cœur de ce va-et-vient corporel, lancinant et angoissant, que se sont dessinés son "fils", Zarathoustra, et son rejet du Maître Wagner, attaque qui, par extension, s'en prenait à tout le romantisme allemand, en particulier la musique de Schubert, Liszt, et même Brahms, en y associant le pessimisme jugé désormais délétère de Schopenhauer.

La plus grande partie de *l'Antéchrist* a également été rédigée au cours du printemps et de l'été 1888.

À Turin, début mai 1888, Nietzsche est tombé sur une traduction française de l'ancien sanskrit, le codex des prêtres Brahman, *Les Lois de Manou*, basé sur les *Védas*, complétant sa connaissance des traditions non occidentales.

Il cherchait à démasquer partout l'instinct grégaire dans la morale, et son processus infini de « dénaturalisation », entrelaçant cette critique à l'aune des cultures antiques, suggérant que l'escamotage du tragique entraînait le terreau favorable au nihilisme.

[24] *Ainsi parlait Zarathoustra*, Editions Gallimard, 1971.

Il démasquait un peu plus tous les processus subjectifs à l'œuvre derrière les codes normatifs régissant cultures, politiques et religions, constatant les bases de cette falsification permanente du réel pour asseoir tout système de valeurs. Le jeu permanent des forces instinctives contraires engendrant un devenir naissant à la source de leurs conflits immanents.

Le philosophe avait besoin de l'imagination, de l'élan, de l'abstraction, de l'élévation au-dessus des sens, de l'invention, du pressentiment, de l'induction, de la dialectique, de la déduction, de la critique, de la réunion des matériaux les plus divers, de la pensée impersonnelle, de la contemplation, de vision synthétique, de justice et d'amour pour tout ce qui est afin de creuser le sillon de son œuvre.

Il pourrait, de retour à Nice, entendre le bruissement des rivages constellés de cailloux et de vagues reculant et s'avançant en de multiples courants sous-marins. Il marcherait à grands pas vers l'ouest le long de la promenade des Anglais, appréciant les reflets solaires de fin d'après-midi illuminant le littoral, les fenêtres sur les façades de la vieille ville et le bastion placé sur le Parc du château, aujourd'hui ditterrasse Nietzsche.

Le bâtiment de la pension de Genève a été endommagé par un tremblement de terre et a été remplacé par une gare de chemin de fer s'étendant sur une voie express moderne. Nietzsche voyageait "en zigzag" à travers l'Europe, visant cette amélioration qui le fuirait indéfiniment. Le philologue classique d'autrefois a erré entre les ruines du Nikaïa antique (fondé au sixième siècle av. J.-C) sur le sommet du parc du Château, a exploré les ruines gallo-romaines de Cimiez au nord. Puis il retournait dans sa chambre, rue st. François de Paule, au 2ème étage, à gauche, avec la Promenade des Anglais imprimée dans la rétine et la Baie des Anges dans ses rêves, ourlée par la fontaine de Bacchantes. Le soleil de fin d'après-midi, filtré par les pins et l'odeur de l'eucalyptus, se réfléchissait contre sa fenêtre, qu'il ne pouvait s'empêcher de contempler malgré un flux de larmes excessif, voilant à intervalles réguliers sa vision à la façon d'une cataracte, provoquant des angles morts dans son champ visuel. Quand les paquets de Noël arrivaient en provenance de sa mère et de sa sœur, il n'en distinguait plus toujours le contenu. Il espérait qu'un pauvre le récupérerait et célébrerait cette fête à sa place. Au début de l'année 1886, il a été hanté par la crainte de connaître la cécité de son père, affligé à l'idée que les montagnes disparaîtraient pendant son sommeil, et qu'au réveil, il ne resterait que des ténèbres informes à observer. Mais quand même, il a lu. En plus de tous les livres scientifiques, métaphysiques, sur la théorie de connaissance et sur l'histoire de la religion, il a lu de la poésie et de la fiction. Dostoïevski le captivait, il le lisait dans sa traduction française, le jugeant comme Stendhal, seul romancier psychologue qui partageait ses propres aperçus. Cet hiver connut des cieux paisibles de décembre à février. Tandis que Nietzsche travaillait sur des plans et des croquis, il a jugé le jour dans sa pension de Genève aussi brillant que la ville de Nice ce mois-là.

« Nice est, de la façon la plus singulière, le seul endroit bienfaisant pour ma tête (et même pour mes yeux !) . C'est la forme de mon humanité, de vivre gentiment silencieux au sujet de mes derniers projets : et en outre une affaire de sagesse et de conservation de soi-même. Qui ne me fuirait pas ! – en découvrant quel genre de devoirs naissent de ma manière de penser. Vous aussi ! Vous aussi, ma très honorée amie ! –je détruirais les uns et corromprais les autres : laissez-moi donc ma solitude !!! »[25]

Le 3 janvier 1887, il a réussi à louer une chambre avec une exposition sud au rez-de-chaussée au numéro 29 de la rue des Ponchettes, avec la mer devant lui et le marché ouvert derrière. Dans ses nouveaux quartiers, il est sorti indemne d'un tremblement de terre sévère qui a infligé de lourds dégâts au centre-ville. Lors des premières heures du matin, le 23 février 1887, le quatrième étage de sa récente pension de Genève, la première escale de Nietzsche quand il est arrivé à Nice, a été détruit. La réaction ahurie de Nietzsche au tremblement de terre indiquait son niveau de concentration dans son travail. Il a fait part fort modestement de ce péril auquel il avait échappé de peu à Reinhart von Seydlitz, le 24 février. C'était vraisemblablement à cette pension de Genève que Nietzsche se référait quand il a écrit Emily Fynn à St.Moritz sur les avantages et inconvénients d'un tremblement de terre.

Il estime non sans froide ironie que cette destruction comportera un avantage pour sa postérité, elle aura un pèlerinage de moins à visiter. Il jouera plus tard à la loterie, pensant un instant avoir gagné un demi-million qui lui permettrait d'installer plus de sagesse sur terre et d'envisager, avec plus d'ironie la déraison de son existence. À Nice, il aspire à s'accommoder plus totalement de la réalité, bénéficiant de son baume filtrant.

Il choisit lui-même la décoration de ses chambres, les tapis rouge-brun, se promène une heure le matin, trois l'après-midi, fréquentant ici des cercles anglophones, là un jeune biologiste viennois, (le docteur Paneth), ailleurs une étudiante charmante, venue de Zurich, Rosa von

---

[25] *Correspondance avec Malwida von Meysenbug*, Allia, 2005.

Schirnhofer, assiste à des courses de taureaux, ne boit que de l'eau, appréciant la nourriture sans graisses et la lumière aux teintes d'infini de ce sud français lui évoquant la légèreté de Bizet. Au même moment, un philosophe français, partageant nombre de ses idées sans le savoir, vient lui aussi à Nice pour rétablir sa santé défaillante, Jean-Marie Guyau (auteur notamment de *l'Esquisse d'une morale sans obligation*, *l'Irréligion de l'avenir* ou encore *Les problèmes de l'esthétique contemporaine*), que Nietzsche lira avec enthousiasme, au détour d'une librairie niçoise qu'il fréquente avec assiduité. Etrange synchronisme de deux esprits féconds et développant des obsessions thématiques similaires, une santé précaire compensée par un travail acharné ainsi qu'un don commun pour la musique.

Le dilemme non résolu, qui a tourmenté la propre vie de Nietzsche dans les années 1880, sur la côte niçoise ou vers les hautes montagnes suisses, était son besoin de solitude contrarié par un non moins grand besoin de relations humaines. Pendant le milieu des années 1880, Nietzsche a régulièrement été travaillé par le besoin d'enseigner, de communiquer ses idées. Pourtant ceux qui étaient disposés pour apprendre de lui se révélaient souvent être des naïfs médiocres à ses yeux élitistes et l'isolement absolu lui a semblé préférable à une camaraderie acceptant un tel compromis qualitatif. Ainsi, dans les lettres de Nietzsche, nous trouvons côte à côte les plaintes contradictoires concernant sa trop grande ou trop petite solitude, la camaraderie insuffisante et la société excessive. Plusieurs jours avant que sa sœur ne se marie, rituel religieux auquel il n'a pas assisté, Nietzsche ne lui a écrit le 20 mai 1885 que pour lui parler de sa solitude extrême.

Bien que sa solitude semblât s'intensifier chaque été, il est resté un être humain sociable, un professeur dans l'âme qui, sans ses élèves, était désespéré, faisant de lui un ermite contrarié. Meta von Salis rapporte qu'il était un auditeur excellent, qu'il n'a jamais méprisé les choses simples qui se trouvaient sur son chemin. Elle cite, à titre d'exemple, la préoccupation véritable de Nietzsche concernant l'angoisse que Gian Durisch éprouvait pour ses troupeaux de boeufs menacés par la fièvre aphteuse.

Aussi subversif que discret, Nietzsche avait le besoin d'une communauté où partager ses passions, même si cette idée s'usait avec le temps. Von Salis observait qu'il était vulnérable, prêt pour la réconciliation, timide, angoissé par les offenses des autres, et combien sa tâche exigeait de dureté avec lui-même et les autres, interdisant les compromis, ce qui créait un fond récurrent de peine et d'amertume. Ces qualités rappelaient Emerson, très admiré de Nietzsche, quoique le labeur d'Emerson n'ait jamais altéré son optimisme naturel. Les lettres de Nietzsche aux amis et à la famille, pressant beaucoup d'entre eux de ne pas lire ses livres, n'étaient pas insincères. Il refusait de prendre le risque de débattre avec ceux qui comptaient affectivement de trop près. Meta von Salis dépeint les heures plus légères de l'été de 1887, mais également sa mélancolie lors de son départ de Sils-Maria.

Quand Nietzsche a finalement dû confronter la possibilité de se rendre à Sils avec la nécessité de se concentrer pour travailler, il éprouvait du désespoir en rapport avec l'isolement insuffisant des lieux, vieux dilemme entre camaraderie et solitude. Son esprit alternait donc torture intime et effervescence joyeuse, comme souvent.

« Aussi la puissante émotion religieuse qui est chez Nietzsche la source de toute connaissance forme-t-elle un nœud serré de tendances contradictoires : sa propre immolation et sa propre apothéose ; l'atrocité de sa propre destruction et la volupté de sa divinisation ; l'étiolement douloureux et la guérison victorieuse ; une ivresse brûlante et une conscience de glace. »[26]

Ni Rome ni Venise n'avaient résolu le problème de cet isolement perçu au départ comme insuffisant puis se retournant en isolement implacablement oppressant. Ni Malwida von Meysenbug et sa dévotion éternelle ni celle du fidèle Heinrich Köselitz n'avaient fourni une camaraderie de la nature qu'il escomptait, semi-amoureuse, semi- clandestine, proche et lointaine à la fois. *La Chanson de Nuit*, composée pour la Partie deux de Zarathoustra, imprimait cette attraction pour la ville de Rome. Il est resté d'abord sur la Via Polveriera, avec sa vue spectaculaire sur le Colisée et le Forum romain, bercé par les œuvres de Michelangelo et Vinci. Il s'est ensuite déplacé plus au nord, vers la Piaza Barberini, avec sa fontaine jaillissante et ses dauphins remuants, chantant la nuit à ses abords. Toutes les quatre parties de *Ainsi parlait Zarathoustra* ont été rédigées et publiées (ou, dans le cas de la quatrième partie, imprimée en privé) durant les années 1883-1885. *Ainsi parlait Zarathoustra* représentait son plus grand accomplissement poétique à ses yeux, l'alpha et l'oméga de son œuvre, le creuset de son « Midi », la « Volonté de Puissance », et la « Transvaluation de Toutes les Valeurs » en dérivant comme retombées conceptuelles explosives. L'idée centrale de ce travail, l'éternel retour, est lié à Sils-Maria, et en particulier à un rocher imposant situé sur la rive sud du lac de Silvaplana.

Même si cette pensée avait germé auparavant, alors qu'il étudiait les fragments des anciens penseurs grecs, il a décidé de la mettre en avant à un moment donné (août 1881) dans un lieu précis, près de cet énorme rocher non

[26] *Lou Andreas Salomé, Friedrich Nietzsche à travers ses œuvres,* Grasset, 1992.

loin du village de Surlej dans lequel la pensée soudain descendit sur lui comme une extase religieuse. Jamais il n'avait cru en l'objectivité du langage, adoptant à son égard un scepticisme ironique sans retour.

« Je vous le dis, pour pouvoir engendrer une étoile qui danse, il faut en soi-même encore avoir quelque chaos. »[27]

Nietzsche a résidé beaucoup plus de mois à Venise qu'à Rome. Pourtant, bien qu'il ait déclaré son amour inconditionnel pour la ville aux mille canaux, particulièrement Marco San Piazza, Venise était trop venteuse pour devenir un site de travail durable pour lui. Certes, il avait passé beaucoup de semaines studieuses dans la ville, au cœur du quartier Cannaregio où Köselitz résidait pendant les années 1880 Le 19 septembre 1887, tout à fait tard dans la saison, il a quitté Sils pour ce qui serait sa dernière visite à Venise. Il a traversé Maloja, par le Bergell à Chiavenna, en bas du rivage occidental du Lac de Côme. Il s'est arrêté dans le village de Menaggio sur les rivages du lac, visitant ses amis Emily Fynn et Zina von Mansuroff. Il a débarqué finalement à Venise, prenant ses logements à Calle, au numéro 1263 dei Preti, un passage sombre, étroit, à l'ouest de San Marco. Il a écrit à sa mère de là, le 18 octobre 1887. Sa missive révèle une solitude prolongée mal vécue. Le 22 octobre, il est parti de Venise, chassé par sa sensation d'isolement accrue. Son effort final, désespéré, de sauver son amitié avec Erwin Rohde, dans une lettre écrite le 11 novembre 1887, s'avérait vain. De nouveau, pendant l'hiver de 1887-88, le froid était vif, mais Nietzsche mieux préparé. Pour la première fois lors de ses séjours d'hiver, il avait un fourneau dans sa chambre, à la Pension de Genève.

[27] *Ainsi Parlait Zarathoustra,* Paris, Editions Gallimard, 1971.

Il pouvait à peine dissimuler sa jubilation à Heinrich Köselitz dans une lettre datée du 24 novembre 1887 décrivant comme il jouissait de l'élégance gaie, agréable, exotique, (qu'il jugeait quelque peu africaine...) de la végétation de ce littoral vallonné situé à proximité de la ville. Il a distribué son hymne récemment publié à chaque chef d'orchestre européen qu'il connaissait, dans l'espoir vain qu'il soit un jour exécuté.

Il repartira pour Turin le 2 avril 1888, espérant trouver une solution au problème climatologique des mois reliant le printemps à l'été. Plus tard dans l'année, le 14 septembre, il exposera à sa sœur les raisons géographiques et météorologiques de son choix pour Turin. En voyageant par le train à Gênes, pour Turin, il s'est perdu dans Savona, où il a dû changer de nouveau. Parce qu'il ne pouvait pas voir et à cause de sa nervosité générale et de l'état d'épuisement lié au voyage, il est monté dans un train qui retournait à Gênes ! Après des dépenses stériles de deux jours dans Sampierdarena, à la périphérie de la vieille ville de Gênes, il a finalement trouvé son chemin vers le nord de Turin, où il est arrivé le 5 avril. Cet ultime déplacement devait s'inscrire dans cette nécessité de mue géographique adaptée à ses fulgurances écrites dont le flux ne se réalisait que par les efforts physiques en plein air et donc dépendant d'un climat propice.

Nietzsche a logé au numéro 6, Piazza via Carlo Alberto, au troisième étage, dans l'appartement de David Fino. L'appartement de Fino était situé au-dessus d'une salle de concert, la Galleria Subalpina, construite au milieu du dix-neuvième siècle ; de sa chambre, Nietzsche pouvait entendre le barbier de Séville. De sa fenêtre, il voyait le coin nord-est du grand Palazzo Carignano généreusement espacé, où le cavalier Carlo Alberto trônait sur son cheval de bronze.

Parmi beaucoup des préoccupations qui hantaient Nietzsche pendant cette saison finale dans Turin, se trouvait la crainte qu'il ne soit devenu trop dur de cœur, trop dur dans ses jugements. Bien que son Zarathoustra ait conseillé de devenir dur, il a donc craint son propre excès de dureté.

Dans une autre lettre, il s'est surnommé troglodyte, cet homme des cavernes vivant dans l'obscurité. Il a noté la divergence épouvantable entre son mode de pensée, son affirmation de la grande santé, et sa décrépitude existentielle soulignée par ce théologien dénommé Julius Kaftan qui l'avait tant exaspéré. À sa sœur exilée au Paraguay, il a exprimé sa nostalgie pour sa littérature antérieure et s'est plaint de ne pouvoir fournir d'œuvres significatives au sein d'un état de décadence car cela entrerait en conflit avec la nature même des cycles de créations culturelles.

Cependant, enchanté à son arrivée dans cette Turin aristocratique, son humeur au printemps de 1888 était assombrie, par contraste avec l'euphorie que cette ville devait susciter dans sa crise cérébrale d'automne. L'humeur sinistre de Nietzsche n'a pas empêché la production d'une énorme quantité de travail, particulièrement nourrie d'une vaste gamme de billets. Le départ final de Nietzsche de Sils-Maria pour Turin, le 20 septembre 1888, se déroula sur un fond spectaculaire de pluies torrentielles ayant causé une inondation sévère dans la Vallée de Fex et la région de Maloja au Bergell, Chiavenna et autour du Lac de Côme. Nietzsche est arrivé à Milan à minuit. Le jour suivant, il était à Turin. De nouveau, il était fasciné par l'architecture de la ville, comme la Tour Antonelli. Avec son arrivée à Turin un changement significatif a eu lieu en lui. Ses maux de tête et ses nausées récurrentes ont soudainement disparu. Nietzsche a exulté. Il était euphorique. Son appétit était plus vigoureux que jamais. Il n'a senti aucune douleur, n'a jamais mieux dormi. Il n'a pas semblé tenir compte des perturbations intermittentes dans ses modes de pensée, perturbations dont le rythme devenait de plus en plus insistant. Il a passé ses journées à marcher furieusement, il descendait la ville en longeant la Poste, traversait le pont qui menait à l'église de Gran Madre Di Dio, jouissant de ces parcs et peupliers alignés près du fleuve, il élaborait gaiement les détails finaux de ses plans, ayant finalement trouvé la solution de son problème concernant les transitions saisonnières. Le seul changement de programme était que, bien que Nietzsche annonçât toujours son intention de se diriger ailleurs à la fin de novembre, Turin serait maintenant sa résidence d'hiver, ce qu'elle devint bien malgré lui pendant ce mois de janvier définitif. Des mois plus tard, à Bâle et dans la clinique de Jena, il parlerait souvent au personnel comme s'il était toujours à Turin.

Malgré l'euphorie, ses lettres ont trahi son changement progressif vers des difficultés supérieures, avouant à Heinrich Köselitz à Berlin que son visage dans le miroir ne lui ressemblait pas. Il a utilisé son propos comme une excuse pour rabaisser la doctrine idéaliste traitée de malhonnêteté instinctive et intellectualité morbide. Un mois plus tard il a cessé toute relation avec son éditeur Ernst Fritsch.

Le 15 octobre, lors de son quarante-quatrième anniversaire, Nietzsche a commencé à composer son autobiographie. Le rendu était incisif et virulent. Nietzsche n'a jamais retrouvé l'équilibre. Pourtant, le travail sur son autobiographie s'est déroulé rapidement. En exergue du projet, figurait une page qui séparait la table des matières de la première partie, ornée de titres infatués annonçant les diverses sections comme « pourquoi je suis si sage », « pourquoi je suis si intelligent », « pourquoi j'écris de tels bons livres » et « pourquoi je suis un destin ». Le manuscrit est envoyé à Naumann le 6 novembre, puis postage de nouveau le 7 décembre. Le 29 décembre il a envoyé un paquet de corrections finales à l'éditeur.

« Ce soi souterrain, - pour ainsi dire enseveli-pour ainsi dire réduit au silence à force d'une constante nécessité d'écouter d'autres soi (et cela signifie lire !) lentement s'éveilla, timide, perplexe-mais il parlait de nouveau. Jamais je n'avais éprouvé autant de bonheur à moi-même, que durant cette époque la plus morbide et la plus douloureuse de ma vie : il n'est que de voir l' « Aurore » ou « le Voyageur et son Ombre » pour comprendre ce qu'était ce « Retour à moi » : une suprême forme de la guérison même… »[28]

Même avant que les lettres célèbres de sa « folie » n'aient été écrites, du 3 au 6 janvier, Nietzsche envoyait des missives de plus en plus incohérentes. Il a signé sa lettre pénultième à Malwida von Meysenbug, en espérant offrir la preuve "que Nietzsche est toujours méprisable". Nietzsche a envoyé à Neumann pendant la fin de décembre des pages désignées pour remplacer la section trois de la première partie d'Ecce Homo. Naumann était réticent pour les imprimer. La version de l'automne a traité des côtés tant maternels que paternels de la famille avec la même douce ironie, mais les efforts de la mère et de la soeur l'ont condamné à les effacer.

Avant la mi-décembre, Nietzsche a complété des plans pour la publication d'une sorte d'anthologie polémique de ses écrits sur Wagner, pour étayer ce qu'il avait espéré accomplir dans *le Cas Wagner*. Il rassemblait tous ses écrits contre Wagner, ses aphorismes se rapportant au wagnérisme, ses saillies de *Humain, trop humain,* du *Gai*

---

[28] *Ecce Homo*, Editions Gallimard, 1974

savoir, de *Par-delà bien et mal* et de *la Généalogie de la Morale*. Finalement, il révisait et arrangeait un certain nombre de ses poésies précédentes pour les inclure dans un volume unique, *les Dithyrambes de Dionysos*.

Nietzsche a consacré ses travaux finaux pendant les premiers jours de janvier 1889 à ces poésies.

Il devenait de plus en plus inquiet au sujet de l'éventuelle confiscation d'Ecce Homo et de ses autres textes en Allemagne. Ses livres avaient déjà été interdits en Russie. Il se confiait à Köselitz le 16 décembre, envisageant l'automne comme son temps des récoltes, et l'hiver prochain comme celui d'une chute tragique. Nietzsche a écrit à Anna Dmitrievna Tenischev à St Pétersbourg le 8 décembre sur le même ton, de même qu'à Helen Zimmern.

DÉRAISON

Sa sentimentalité semble prendre un tour de plus en plus pathétique, son amour pour Cosima Wagner revenant le hanter, sous la figure d'Ariane, s'identifiant à des criminels de seconde zone dont les gazettes relatent les procès minables, comme l'affaire Chabige à Constantine, qu'il juge criminel honnête, signant ses lettes des noms pseudonymes de Dionysos, Crucifié, ou Antéchrist...

Fils fantasmé de Zeus et de la déesse des enfers Perséphone, il se voulait plus que jamais inscrit dans la mythologie de ses débuts, incarné dans sa propre tragédie. Son implosion sensible s'adapte parfaitement au récit du déchiquetage de Dionysos par les Titans avant d'être ressuscité par le père primordial. L'approche de Noël et du nouvel an réactivait toute la tradition chrétienne autour de lui, hésitant entre une crucifixion symbolique et une opposition radicale à cet héritage entêtant, hyperémotif, accentuant son instabilité progressivement amnésique. Pendant son service militaire, il fut artilleur à cheval, n'est-ce pas un élément biographique saillant de constater que sa crise décisive se déclara face à un tel animal fouetté selon la légende sous ses yeux, à Turin, lui qui décrivait à Malwida von Meysenbug, le 13 mai 1877, l'orgueil du puissant destrier, au sujet d'un tableau équestre du palazzo Brignole à Gênes ? Il admirait tant l'auteur de Crime et Châtiment, et avait donc pu noter ce passage de la première partie, au chapitre 5, quand Raskolnikov songe que des paysans ivres battent un cheval à mort, et se jettent au cou de l'animal sans vie, pour l'embrasser dans un ultime élan de pitié. Possibles imprégnations de l'inconscient qui venaient toutes se donner rendez-vous dans ses lettres, et affleurer dans son activité psychique plus fébrile que jamais. Prisonnier de sa supériorité auto-déclarée et de la blessure narcissique permanente devant l'absence quasi totale de disciples, Nietzsche avait jalousé la figure du Christ toute sa vie durant, jusqu'à élever le double spectral d'un prophète perse dualiste déformé et redéfini par ses propres concepts sur le modèle littéraire de l'Ancien Testament. Car il envisageait bel et bien d'apporter de nouvelles tables de la Loi au monde, entre deux tasses de thé et trois lettres infatuées. La grande nausée, sécrétée par son échec à imposer de son vivant une œuvre par trop hétéroclite et à rebours des normes de son temps se traduisait aussi dans ses prétendus délires, formes de crises affectives qui ne faisaient qu'accroître plus visiblement ses tendances à ladite mortification chrétienne qu'il prétendait haïr mais pratiquait bel et bien en permanence. Son auto-affirmation intellectuelle était dès ses prémisses de nature délirante, au sens de l'excès qui s'impose et s'assume face aux retenues de toutes natures. La transvaluation de toutes les valeurs invitait nécessairement à un point de rupture non seulement ontologique mais bien existentielle et sensible. L'impossible qu'il aspirait à combler sans cesse, à rendre palpable et incarné, ce dépassement de soi impliquait le principe d'élimination d'un moi confortable et serein, en imitant et combattant la figure du Christ, Nietzsche se rapprochait de sa propre crucifixion mentale et humaine, à coup de fictions rétrospectives et de frictions relationnelles, il avait ouvert la brèche au délitement de son humanité paradoxalement cruellement retournée contre elle-même. En appliquant à la lettre l'invitation de Maître Eckhart à se libérer de Dieu, il s'était offert à l'apocalypse de l'instant arraché au cours monstrueux du devenir. Sadite folie des dernières années ressemblait fort à la seule issue que son esprit avait trouvée pour prendre refuge sans initiation, un aveuglement des sens et de la lucidité organisé, dévolu déraisonnablement au vivant. Saturé de sens et de connaissance, le dernier Nietzsche s'est radicalement dépris de lui-même et a laissé sa subjectivité se déconstruire en temps réel.

Nietzche décrivait pourtant la folie comme le plus grand danger :

« La folie prête à faire irruption, c'est-à-dire l'irruption de l'arbitraire dans la sensation, la vue, l'ouïe, la jouissance de l'anarchie cérébrale, le plaisir au non-sens, à la déraison humaine »[29]

Ce n'est pas anodin de constater que c'est à la figure d'un insensé qu'il confia le soin d'annoncer la mort de Dieu.

« Où est Dieu ? cria-t-il, je vais vous le dire ! Nous l'avons tué-vous et moi ! Nous tous sommes des meurtriers ! Mais comment avons-nous fait cela ? Comment avons-nous pu vider la mer ? Qui nous a donné l'éponge pour effacer l'horizon tout entier ? Qu'avons-nous fait, à désenchaîner cette terre de son soleil ? Vers où roule-t-elle à présent ? »[30]

Cette idée de la mort de Dieu avait été ébauchée par Heinrich Heine, qui en 1834, dans *Sur l'histoire de la religion et de la philosophie en Allemagne*, évoque la mort de Jéhovah, ce qui ne retire rien à la fulgurance de Nietzsche donnant une autre ampleur à cette « nouvelle ». Dostoïevski avait envisagé les retombées d'un tel ébranlement, en déclarant que si Dieu n'existait pas, tout

[29] *Le Gai savoir,* Paris, Editions Gallimard, 1982.
[30] *Ibid.*

était permis, présage lourd de retombées nihilistes. Son Kirillov estimait que Dieu avait été inventé pour continuer à vivre et constituait tout simplement une pure aliénation mentale. Bernanos et Kierkegaard envisageaient quant à eux un retrait et une absence du divin. La rupture ontologique qu'une telle mort induisait n'en finirait pas d'irriguer l'Occident, des siècles après son « annonciation ».

L'existence quotidienne ainsi désacralisée allait mécaniquement déboucher sur des apories existentielles, et entraîner une confusion aux apparats névrotiques multiformes. Nietzsche ne voulait pas vraiment effacer la dimension du sacré ni la notion de transcendance, son Zarathoustra en témoigne, ce sont bien plutôt les institutions religieuses et leur fétichisme moralisateur qu'il visait avant tout, ainsi que le fétichisme naïf des spiritualismes et leur cortège d'interdits bien-pensants. Le nihilisme n'était qu'un stade pathologique intermédiaire à ses yeux, son travail de dissolution étant la conclusion logique d'une civilisation arrivée à l'épuisement de ses socles valorisants. La phase tragique du nihilisme entraînant la perte des êtres faibles ayant tout misé sur ces socles, qui disparaissaient alors avec eux.

La mesure de la force se situe selon lui justement dans le degré d'acceptation d'un monde privé de sens, ce qui constituerait le pessimisme de la force, la face active du nihilisme. L'effrayant, le chaos, l'ambivalent, le hasard devenant les nouvelles vertus, des sources de joies inespérées. Mais tuer l'idée de Dieu ne garantissait rien, bien au contraire, ce processus pouvant s'avérer trop extraordinaire pour ses héritiers, qui se retrouvent acculés à démontrer que non seulement ils se passent du sublime « cadavre » mais sont en mesure de s'y substituer eux-mêmes ! Accepter un monde épuré de toute légitimation venue d'en haut et le faire vivre n'est pas donné en soi ni gage d'un avenir radieux, bien au contraire. Nombre de criminels s'avérant blêmes et couards, jamais à la hauteur de leur acte inaugural. Le surhomme sera chargé par Nietzsche d'endosser un tel destin et une telle mission. Sa volonté de puissance et de domination devra accueillir toutes les failles qui le menacent, à commencer par un nouveau cycle de décadence, de déshérence, de dépression et pourquoi pas, en bout de course, de suicide. Mais si toute théologie et toute téléologie ont disparu, rien n'a vraiment plus d'importance, et le règne du dernier homme, de la médiocrité et de l'affadissement généralisé sont à intégrer dans ce processus dissolvant. Libéré de tout finalisme, de toute intentionnalité, le destin du surhomme ressemble pourtant sous bien des aspects au finalisme eschatologique, évolutionniste et darwiniste d'un homme nouveau, tel qu'inventé par le marxisme et le national-socialisme notamment. Pourtant, son concept de l'éternel retour lui permettra d'échapper à un tel réductionnisme. La capacité, pour un être, de donner son assentiment au retour indéfini de tous les cycles naturels, identiques à eux-mêmes, le recommencement constituant l'approche absolue entre l'être et le devenir, acmé de la puissance de l'individu souverain, celui qui sait dire non à tout ce qui affaiblit et dégrade, et dit oui à tout ce qui fortifie, accumule des forces, justifie le sentiment de la vigueur, tenant ferme intérieurement, dans son être nu, sans rien craindre ni attendre. L'affirmation de l'être devant s'appuyer sur une base unifiée, car à défaut, un fond divisé et chaotique finira par faire imploser une telle affirmation. Toute l'ambivalence des positions de Nietzsche atteint un point critique dans la difficulté d'affirmer absolument et de façon transcendantale l'immanence d'un être donné, jeté là, avec ses clivages internes non harmonisés, non synthétisés, faisant de lui, à son corps défendant, parfois le Maître, parfois le pantin, ou pire le succube de lui-même.

Ecartelé entre l'impassibilité et la domination envers ses passions, affects et autres pulsions, et son exaltation passive sous le joug de ceux-ci. Faisant l'apologie de la fierté, la distance, la responsabilité, l'exubérance, l'animalité, les instincts guerriers, la passion, la ruse, la colère, la volupté, la joie, la grande santé, la ruse, l'amour des sexes, la discipline de l'intellectualité, toutes ces valeurs liées à l'immanence s'ajoutaient à une soif d'autodépassement transcendantal. Le fait que son aspiration transcendantale soit demeurée coincée la plupart du temps, du fait d'un domptage cérébral proche d'un pur « autosadisme », dans les filets fermés de son immanence caractérielle égotique, explique une bonne part de son tragique survoltage final. Son substrat irrationnel s'est emparé de son inconscient, lui permettant de fulgurantes intuitions tout au long de son existence, mais s'est aussi retourné somatiquement contre lui tout aussi régulièrement, faisant de lui une pure machine à explosions.

« On est en droit de considérer toutes les téméraires folies de la métaphysique, particulièrement ses réponses à la question de la valeur de la vie, d'abord et toujours comme symptômes de corps déterminés »[31]

Il a toujours avancé par touches impressionnistes, par fragments insaisissables, pour donner le tournis à son lectorat, avec la volonté permanente d'exploser tout esprit de système rapetissant. La marque de fabrique de l'Allemand est d'avoir ramené la philosophie vers les rivages de la quotidienneté, d'où sa volonté d'en finir avec ce qu'il nommait avec mépris les arrières-mondes de la métaphysique. Aucun courant contemporain de son déploiement intellectuel ne trouvait grâce à ses yeux, ni les idéalistes, ni les réalistes, ni les matérialistes, seuls

[31] *Le Gai savoir,* Flammarion, 1997.

quelques romanciers et artistes savaient arracher ses compliments sincères.

Nietzsche mourait à petit feu dans cette Turin aristocratique, captivé par les intrigues politiques de la maison de Hohenzollern. Dans une ambiance de palazzo Baroque du dix-septième siècle, sous le regard fixe et sauvage des chevaux de bronze qui dominent les places de la ville, il s'est rappelé ses jours près de Metz quand les bons Européens remplissaient les fosses communes. Il a rédigé un texte adressé à tous les tribunaux de l'Europe, les invitant à former une ligue hostile aux Allemands.

La crise qui le frappera de façon définitive demeure opaque dans son surgissement. Même si l'évènement inaugural est défini comme le 3 janvier 1889, sur la piazza Carlo-Alberto, à la station des fiacres, où un cocher brutal maltraite sa monture et provoque bien indirectement un accès de désespoir protecteur chez le philosophe à l'origine d'une longue descente aux enfers. Nietzsche avait régulièrement fait allusion à l'image du cheval dans ses écrits, notamment dans *Aurore* :

« Une culture aristocratique peut ressembler, du point de vue des passions, soit au cavalier qui éprouve un violent plaisir à faire marcher

au pas espagnol un animal fier et fougueux, que l'on se représente l'époque de Louis XIV ; soit au cavalier qui sent son cheval filer sous lui comme une force de la nature, très près du point limite où cheval et cavalier perdent la tête, et qui jouit alors précisément du plaisir de conserver la tête haute : dans les deux cas, la culture aristocratique respire la puissance.. »[32]

[32] *Aurore,* Editions Gallimard, 1970.

L'animal était également convié pour évoquer l'attrait de l'infini et des forces naturelles lâchées sans freins. Il écrira de façon plus morbide au baron von Seidlitz, le 13 mai 1888 :

« Hier j'ai imaginé une scène d'une moralité larmoyante, pour parler comme Diderot. Paysage d'hiver. Un vieux cocher qui, avec l'expression du plus brutal cynisme, plus dur encore que l'hiver alentour, urine sur son propre cheval. Le cheval, la pauvre créature outragée, tourne vers lui un regard reconnaissant, très reconnaissant. »[33]

Une de ses dernières lettres lucides invitait son éditeur à renoncer à la parution de Nietzsche contre Wagner, pressé qu'il était d'aborder ses futurs ouvrages désormais vitaux à ses yeux. Réveillé dans un sofa, après avoir été ramené par son logeur, il se décrira désormais régulièrement comme la réincarnation de Dionysos et d'un « Crucifié ». Etrange synthèse symbolique qui fait toutefois penser aux écrits de Hölderlin qui dans certains de ses poèmes établissait une fraternité spirituelle entre le Christ et Dionysos, deux sacrifiés pour le divin. Sa correspondance future ne deviendra plus que masques mythologiques, déclarations d'amour ou de haine confusément exprimées, portant toutefois les réminiscences de ses implications affectives avec une certaine logique souterraine, comme dans son amour platonique absolutiste envers Cosima Wagner, cette dernière étant élue comme son Ariane.

Il se prendra également pour le duc de Cumberland, Friedrich IV, écrivant au roi d'Italie comme à un intime, au secrétaire d'Etat du Vatican, ordonnant tantôt de fusiller Bismarck, tantôt d'emprisonner le pape.

---

[33] *Cité par Curt Paul Janz, Nietzsche biographie,* t.III, p.332.

« Ce qui est désagréable et embarrassant pour ma modestie, c'est qu'au fond je suis chaque nom de l'histoire : même avec les enfants que j'ai mis au monde, j'en suis à examiner avec une certaine méfiance, si tous ceux qui viennent dans le Royaume de Dieu viennent aussi du Royaume de Dieu. »[34]

Le premier document médical décrivant selon les connaissances partiales de son temps l'état du philosophe était le fruit du docteur Baumann et relatait une forte constitution, aucune déformation physique ou maladie constitutionnelle. Des dons intellectuels extraordinaires, une excellente éducation, un succès remarquable dans ses études. Une nature rêveuse. Des extravagances en matière de régime alimentaire et de religion (et pour cause). Il estimait que les premiers symptômes de sa maladie remontaient peut-être assez loin, mais n'existaient en toute certitude que depuis le 3 janvier 1889.

« Avant cette date a souffert durant des mois de violents maux de tête accompagnés de vomissements. De 1873 à 1877 déjà, fréquentes interruptions dans son professorat à cause de violents maux de tête. Situation pécuniaire très modeste. Le désordre mental actuel est le premier dans la vie du malade.

Causes provoquant ces désordres : plaisir ou déplaisir excessif.

Symptômes de la maladie actuelle : mégalomanie, faiblesse intellectuelle, diminution de la mémoire et de l'activité cérébrale. Selles régulières. Urine fortement sédimenteuse. Le patient est habituellement agité, mange beaucoup, réclame continuellement à manger, n'est cependant pas capable de fournir un effort et de pourvoir à

---

[34] *(lettre à Jakob Burckhardt, du 6 janvier 1889, Friedrich Nietzsche, Dernières lettres, op.cit.,P.150-151).*

ses besoins ; prétend être un homme illustre, ne cesse de réclamer des femmes. Diagnostic : faiblesse du cerveau. N'a été examiné qu'une fois par le docteur. »[35]

Les divers rapports de la clinique de Bâle où il sera déporté depuis Rome naviguent d'une thèse à l'autre, décrivant froidement ce génie comme un cas banal parmi d'autres, ne tenant aucunement compte de ses écrits et de son statut il est vrai demeuré obscur de son vivant.

Ladite maladie du philosophe n'est jamais clairement définie, officialisée, les diagnostics étant le fruit d'une institution qui n'a toujours pas réellement fait les preuves de son sérieux scientifique, un siècle plus tard…

Son arrivée à Bâle est ainsi décrite par le bulletin hospitalier :

« Le malade arrive à la clinique accompagné de M. le Professeur Overbeck et de M.Miescher. Se laisse conduire sans résistance dans sa section ; en chemin, il regrette que le temps soit aussi mauvais et dit : « Mes braves gens, je vais vous faire demain le temps le plus splendide. » Il prend avec grand appétit son petit déjeuner.

Le malade va également volontiers au bain ; il est d'ailleurs en toute occasion affable et obéissant. Homme de bonne mine, bien proportionné, d'une musculature et d'une ossature assez fortes ; thorax profond. Rien d'anormal à la percussion des poumons ni à l'auscultation. Sonorité obtenue à la percussion, à l'endroit du cœur, normale ; bruits du cœur faibles, nets. 70 pulsations régulières. Asymétrie des pupilles, la droite plus grande que la gauche et réagissant très paresseusement. Strabisme convergent. Myopie prononcée. Langue très chargée ; ni déviation, ni tremblement. Innervation faciale peu

---

[35] *L'effondrement de Nietzsche, Dr E. F. Podach*, Editions Gallimard, 1931.

troublée ; pli nasolabial un peu moins marqué à droite. Réflexes patellaires accentués, réflexes de la plante du pied normaux. Urine claire, aigre ne contenant ni sucre ni albumine.

Le malade se laisse examiner de bon gré, ne cesse de parler pendant l'examen. Aucune véritable conscience de sa maladie, ressent une sensation d'euphorie. Déclare qu'il est malade depuis huit jours et qu'il a fréquemment souffert de violents maux de tête. Dit avoir aussi été sujet à quelques accès pendant lesquels il ressentait une impression extraordinaire de bien-être et de bonne humeur ; il aurait aimé alors à serrer dans les bras et à embrasser tous les gens dans la rue et à grimper jusqu'en haut des maisons. Il est difficile de fixer l'attention du malade, il ne répond que partiellement, incomplètement ou pas du tout aux questions qu'on lui pose et sans interrompre ses discours embrouillés. Du point de vue sensoriel assez fortement amoindri.

Le malade reste toute la journée au lit. Mange de fort bon appétit ; il est très reconnaissant pour tout ce qu'on lui donne. Dans l'après-midi, le malade parle continuellement à tort et à travers, chante et crie souvent très haut. Sa conversation, très décousue, n'est qu'un mélange de souvenirs d'autrefois ; une idée chasse l'autre sans aucun rapport logique. Prétend qu'il s'est infecté spécifiquement deux fois.

11 janvier 1889. Le malade n'a pas dormi de toute la nuit, ne cessant de parler, s'est aussi levé plusieurs fois pour se rincer la bouche, se laver, etc. Se trouve le matin dans un état de torpeur assez prononcé, prend avec grand appétit son petit déjeuner. Reste couché jusqu'à midi. Passe l'après-midi dehors dans une continuelle agitation sensitivo-motrice ; jette son chapeau par terre, se couche parfois lui-même sur le sol. Parle de façon confuse, se

reproche parfois d'avoir précipité différentes personnes dans le malheur.

12 janvier. Après absorption de Sulfonal a dormi environ quatre à cinq heures avec de nombreuses interruptions. Sulfonal 2.0. Plus calme au début de la matinée. Interrogé sur son état de santé répond « qu'il se sent si extraordinairement bien qu'il ne peut l'exprimer qu'en musique et encore... »

13 janvier. Nuit meilleure, a dormi pendant six à sept heures. Montre un énorme appétit, réclame sans cesse de la nourriture. Dans l'après-midi se promène dans le jardin, chantant et criant. Enlève parfois veston et gilet et se couche par terre. Au retour de sa promenade le malade reste dans sa chambre.

14 janvier. A dormi quatre à cinq heures ; le reste du temps n'a fait que parler et chanter. A reçu aujourd'hui la visite de sa mère. »

« Il fut rapidement transféré le 18 janvier à la clinique psychiatrique de Iéna, à la demande de son ami Overbeck, afin notamment de le rapprocher de sa mère.

Les bulletins relatant son suivi décrivent une lente stabilisation de son état :

20 janvier. Malgré l'absorption de 3,0 d'hydrate d'amylène aucun sommeil. Transporté dans le W.Z.

21 janvier. Malgré une dose de 2.0 de chloral n'a pas cessé de faire du bruit, a dû finalement être isolé. A mentionné occasionnellement que son père « avait été atteint lui aussi d'un ramollissement du cerveau ».[36]

---

[36] *L'effondrement de Nietzsche, Dr E. F. Podach*, Editions Gallimard, 1931.

22 janvier. Désirerait que ses compositions musicales fussent jouées.

Se plaint de douleurs de tête du côté droit et dans le front. Attribue son agitation à ces douleurs.

24 janvier. Très bruyant. De temps en temps l'isolement devient nécessaire.

26 janvier. Reconnaît immédiatement le médecin.

1er février. Poids 123 livres (-9).

3 février. Aucune modification dans la manière de parler ni dans la conversation.

10 février. Très bruyant. Fréquents accès de colère, accompagnés de cris articulés, sans motif extérieur.

20 février. A oublié le commencement de son dernier livre.

23 février. « En dernier lieu j'étais Frédéric-Guillaume IV. »

26 février. Fait lui-même remonter l'origine de la déviation de son torse à une ischialgie du côté droit.

28 février. Demande en souriant au médecin : « Donnez-moi un peu de santé. »

1er mars. Ne comprend guère et se souvient peu des pensées et des passages de ses œuvres. Poids 128 livres (+5).

10 mars. Faim de loup. Nomme les médecins sans jamais se tromper, se désigne lui-même soit comme duc de Cumberland, soit comme empereur, etc.

20 mars. Transporté à M 2. Chaque jour 1,0 Hg. Au reçu d'un gâteau envoyé l'autre jour par sa mère, a dit : « Vraiment de Naumburg ? »

23 mars. La parésie de la commissure droite s'accentuant petit à petit.

24 mars. Le malade n'a de poils blancs dans la moustache que du côté droit.

26 mars. Au milieu de la journée demande souvent à se mettre au lit. Se promène beaucoup en chantant et marche d'un pas lourd et martelé.

27 mars. « C'est ma femme, Cosima Wagner, qui m'a confié ici. »

28 mars. Se plaint souvent d'une violente névralgie susorbitaire à droite.

1er avril. « Je demande une robe de chambre pour une rédemption complète. » Poids 134 livres (+6).

4 avril. Artère temporale gauche plus sinueuse que la droite.

17 avril. « Cette nuit on m'a couvert d'injures, on a employé les plus terribles machines contre moi. »

19 avril. Ecrit des choses illisibles sur les murs. « Je veux un revolver, s'il est prouvé que la grande-duchesse commette ces cochonneries et ces attentats contre moi. »

« On me rend malade dans le côté droit du front. » Se refuse violemment à toute explication précise.

25 avril. L'isolement continue à être nécessaire la nuit.

27 avril. Fréquents accès de colère.

29 avril. Lit de temps à autre et se souvient de ce qu'il a lu.

1er mai. Poids 139 livres (+5).

5 mai. Remet au médecin un billet sale et illisible qu'il dit être son testament.

16 mai. « On m'empoisonne toujours de nouveau. » Raconte qu'autrefois il prenait tous les vingt-deux jours 6 gr. de chloral.

18 mai. Pousse assez fréquemment des cris inarticulés.

25 mai. Se rappelle assez bien le lendemain si on lui a fait ou non, la veille, une friction au mercure.

1er juin. Poids 127 livres (-12).

10 juin. A volontairement brisé une vitre.

14 juin. Prend le garde-chef pour Bismarck.

16 juin. Réclame souvent du secours contre des tortures nocturnes.

17 juin. Fait des mouvements de gymnastique, se tient souvent le nez pendant des heures. Se plaît aux jeux de mots. Donne comme jour de son entrée le 23 novembre 1888.

18 juin. Parle d'un ton grognon, avec beaucoup d'affectation et parfois d'emphase.

21 juin. Plus calme.

26 juin. Passe tous les jours une heure dans le jardin.

28 juin. Léger strabisme convergent gauche.

1er juillet. Poids 126 livres (-1).

4 juillet. Brise un verre « afin de défendre l'entrée de sa chambre avec des débris de verre ».

9 juillet. Saute comme une chèvre, fait des grimaces et remonte l'épaule gauche.

20 juillet. Refuse souvent de se lever sous prétexte de fatigue.

23 juillet. Ischialgie à gauche. « Je suis stupide dans la hanche. »

29 juillet. Reçoit la visite de sa mère. Très satisfait. »[37]

Ces relevés soulignent surtout la froideur au ton entomologique du corps soignant…

La suite de son internement, même si certaines améliorations seront constatées, flirtera avec l'absurdité la plus totale, un obscur docteur auteur d'un livre consacré à Rembrandt (Julius Langbehn) se chargeant de le remettre sur le droit chemin par une mise en scène d'opérette consistant à le traiter comme un enfant roi ayant besoin d'une cour royale, en dialoguant avec lui, visant à le faire abandonner la plupart de ses anciennes convictions, hostilités et admirations. L'entourage de Nietzsche mettra un terme à cette opération malsaine. Le philosophe sera finalement congédié le 24 mars 1890 contre « revers », à savoir sous la responsabilité parentale, l'institution psychiatrique estimant le patient amélioré mais non guéri.

La dégradation psychique de Nietzsche a laissé ouvertes les interprétations les plus diverses et les plus farfelues, allant d'une « intoxication » au chloral, à la syphilis (nonobstant l'absence de toute vie sexuelle connue…), à l'opium, au cannabis, à sa mégalomanie naturelle, à une neuro-infection produite par un héritage génétique familial, tandis que certains amis comme Peter Gast le suspecteront purement et simplement d'avoir simulé sa folie pour échapper à une forme d'échec social inassumé. Les docteurs de l'époque ont insisté sur l'idée d'une paralysie, avec des symptômes de nature psychotique.

---

[37] *L'effondrement de Nietzsche, Dr E. F. Podach,* Editions Gallimard, 1931.

Afin d'éviter tout romantisme déplacé qui considérerait cette fin tragique comme un choix facétieux et souverain du grand esprit, autant en revenir à ses propres idées sur la folie :

« Quand l'épuisé s'agite en débordant d'activité et d'énergie : quand la dégénérescence provoque en lui un excès de décharge intellectuelle ou nerveuse, alors, on l'a toujours confondu avec le riche…Il suscitait la crainte…Le culte du fou est toujours le culte du riche-en-vie, du puissant. Le fanatique, le possédé, l'épileptique religieux, tous les excentriques ont toujours été ressentis comme les plus hauts types de la puissance : comme divins »[38]

Nietzsche est au cœur de ses cibles thématiques dans ces fragments posthumes :

« C'est à partir de là que se développa, presque partout, une volonté de « divinisation », c'est-à-dire de dégénérescence typique de l'esprit, du corps et des nerfs : une tentative afin de trouver la voie de cette plus haute forme de l'être : **se rendre malade, se rendre fou, provoquer les symptômes de l'ébranlement-cela voulait dire devenir plus fort, plus surhumain, plus terrible, plus sage** : on croyait ainsi devenir si riche de puissance que l'on pouvait en donner »[39]

Nietzsche a tout au long de son travail détaillé avec une précision chirurgicale les processus énergétiques se dissimulant derrière toutes les valeurs inventées par les hommes.

« Partout où l'on a adoré, on a cherché quelqu'un capable de donner. Que l'on ait pris le fou pour quelque

---

[38] *Fragments posthumes, Début 1888-début janvier 1889*, Editions Gallimard, 1977.
[39] *Ibid.*

chose de surhumain. Que l'on ait cru des forces terribles à l'œuvre dans les malades nerveux et épileptiques. Ici, ce qui induisait en erreur, c'était l'expérience de l'ivresse...Celle-ci augmente au plus haut point le sentiment de puissance en conséquence, pour un jugement naïf, la puissance, c'était celui qui était le plus enivré, « l'extatique »[40]

Le plus haut degré de puissance est toujours accompagné par un sentiment d'ivresse.

« Il y a deux points de départ à l'ivresse : une plénitude démesurée de la vie et un état d'alimentation maladive du cerveau. »[41]

La profession de foi poétique de Nietzsche est toute contenue dans ses Dithyrambes de Dionysos qui sortiront d'ailleurs à la toute fin de son activité consciente :

« Dans l'air clarifié Quand déjà la conscience de la rosée Descend sur la terre Invisible, sans qu'on l'entende, car la rosée consolatrice porte des chaussures fines, comme tous les doux consolateurs-songes-tu alors, songes-tu, cœur chaud, combien tu avais soif jadis soif de larmes divines, de gouttes de rosée, altéré et fatigué, combien tu avais soif, puisque, dans l'herbe, sur des sentes jaunies, les rayons du soleil couchant, méchamment, au travers des arbres noirs, couraient autour de toi, des rayons ardents et malicieux. »[42]

« Ou bien, semblable à l'aigle qui regarde longtemps, longtemps, le regard fixé dans les abîmes, dans ses abîmes...-oh ! comme il plane en cercle, descendant toujours plus, bas, au fond de l'abîme toujours plus

---

[40] *Fragments posthumes, Début 1888-début janvier 1889,* Editions Gallimard, 1977.
[41] *Ibid.*
[42] *Ibid.*

profond ! Puis, soudain, d'un trait droit, les ailes ramenées, fondant sur des agneaux, d'un vol subit, affamé, pris d'appétit pour ces agneaux, détestant toutes les âmes d'agneaux, haineux de tout ce qui a le regard vertueux, l'œil de la brebis, la laine frisée, de tout ce qui est stupide et bienveillant comme l'agneau... »[43]

Nietzsche a laissé dans ses fragments la touche finale de sa pensée, la précision refusant de s'assembler en une somme totalisante. Au nom même de sa pensée qui se voulait fidèle à une réalité trop mutante pour être réduite en une formule réductrice.

« Qu'est-ce donc que la vérité ? Une multitude mouvante de métaphores, de métonymies, d'anthropomorphismes, bref une somme de relations humaines qui ont été rehaussées, transposées, et ornées par la poésie et par la rhétorique, et qui après un long usage paraissent établies, canoniques et contraignantes aux yeux d'un peuple : les vérités sont des illusions dont on a oublié qu'elles le sont [...] »[44]

Un des apports définitifs à l'histoire des idées de Nietzsche fut de remettre à leur place ses confrères, en plaquant une grille de lecture poétique, psychologisante et esthète sur leurs œuvres respectives, grille inédite jusque-là.

« De fait, si l'on veut comprendre ce qui a donné le jour aux affirmations métaphysiques les plus transcendantes d'un philosophe, on fera bien (et sagement) de se demander au préalable : à quelle morale veulent-elles (ou veut-il) en venir ? C'est pourquoi je ne crois pas que «

---

[43] *Dithyrambes à Dionysos (1888). Œuvres 2,* Robert Laffont, coll. « Bouquins »
[44] *Fragments posthumes, Début 1888-début janvier 1889,* Editions Gallimard, 1977.

l'instinct de connaissance » soit le père de la philosophie, mais d'un autre instinct, ici comme ailleurs, qui s'est servi de la connaissance (et de la méconnaissance) comme d'un simple instrument. »[45]

L'installant avec force ironie et lucidité acide :

« Mais qui pénètre les instincts primordiaux de l'homme pour examiner dans quelle mesure ils se sont plu, dans ce domaine précis, à jouer le rôle de génies inspirateurs (ou de démons, ou de farfadets), celui-là s'apercevra qu'il n'en ait pas un qui n'ait déjà philosophé, et que chacun d'entre eux n'aimerait rien tant que de se donner lui-même comme la fin ultime de l'existence et le maître légitime de tous les autres instincts. »[46]

---

[45] La Philosophie à l'époque tragique des Grecs, suivi de Sur l'avenir de nos établissements d'enseignement, Paris, Editions Gallimard, 1995.

[46] Par-delà bien et mal, Paris, Editions Gallimard, 1971.

Dates marquantes

10 octobre 1813, Naissance de Karl Ludwig Nietzsche à Eilenburg, fils de pasteur.

1813 Naissance de Wagner.

1826 Naissance de Franziska Oehler, fille de pasteur.

15 octobre 1844 Naissance de Friedrich Wilhelm Nietzsche, fils de Karl Ludwig Nietzsche et Franziska Nietzsche à Röcken.

10 juillet 1846, naissance de Elisabeth Nietzsche à Röcken.

1849 Le 27 juillet, Karl Ludwig Nietzsche meurt d'embolie cérébrale (encephalomalacia) suite à une chute à Röcken.

1850 avril, la famille déménage à Naumburg.

1858 Déménagement de la famille à Weingarten.

1858-1864 Nietzsche commence l'école à Pforta.

1864 Le 16 octobre, études de Théologie et de Philologie classique à l'Université de Bonn.

1865 avril, perd la foi, abandonne ses études de théologie à Bonn.

1865 Visites possibles d'une maison close à Cologne.

1865 novembre, poursuit des études à Leipzig et découvre accidentellement Le Monde comme volonté et comme représentation de Schopenhauer dans une librairie d'occasion.

Devient Schopenhauerien. Leipzig.

24 février 1866, devient le protégé de Ritschl à Leipzig.

1866 Début de l'amitié avec Erwin Rhode à Leipzig.

1867 Le 9 octobre, Nietzsche enrôlé pour un an au régiment d'artillerie stationné à Naumburg.

1868 Le 28 octobre, converti au wagnérisme après la performance de Tristan et Meistersinger.

8 novembre 1868, première rencontre avec Richard Wagner.

1869 Professeur extraordinaire de philologie classique à l'Université de Bâle, en Suisse. Cesse d'être un citoyen de Prusse, est apatride à Bâle.

1869 Le 19 avril, arrive à Bâle.

1869-1870 Premier cours de lecture sur la pré-philosophie platonicienne.

1869 avril, il devient citoyen suisse et s'installe à Bâle.

1869 mai, Première rencontre avec Richard Wagner à Tribschen.

1869 décembre, Nietzsche passe son premier week-end de Noël à Tribschen cette année. Par la suite, visiteur régulier à Tribschen jusqu'à 1872.

1870 Promu au grade de professeur titulaire.

11 août 1870 Comme sujet suisse, engagé bénévole en tant qu'infirmier dans la guerre franco-prussienne et sert brièvement avec les forces prussiennes.

1870 Le 7 septembre, souffre de dysenterie et diphtérie.

1870 octobre, retourne à Bâle, sa santé est détériorée.

1870 décembre, Noël avec Wagner, voit d'abord la performance de Sigfried. Tribschen.

1871 janvier, Nietzsche s'applique sans succès à sa chaire de philosophie à Bâle. Commence à souffrir de périodes régulières d'épuisement et n'est désormais jamais en bonne santé.

1871 février-décembre, congé accordé dans le but de rétablir sa santé. Voyages. Travaux à Lugano, dans l'Oberland bernois, et Naumburg. Retour à Leipzig.

1872 Publication de *La Naissance de la Tragédie*. Bâle.

1872 Semestre d'été - Cours magistral sur la philosophie pré-platonicienne. Bâle.

1872 Le 22 mai, assiste à la pose de la première pierre du théâtre Festival de Bayreuth.

1872-1873 Hiver - Cours magistral sur le thème "*L'histoire de l'éloquence grecque*" (en présence de seulement deux élèves). Bâle.

1872 novembre, visite avec les Wagner de Strasbourg.

Printemps 1873 - Écrit *Die Philosophie im tragischen Zeitalter der Griechen* («philosophie à l'époque tragique des Grecs"), semestre d'été - Cours magistral sur la philosophie pré-platonicienne.

1873 mai, Nietzsche commence à avoir des troubles de la vision. Conférences sans notes

1873 juillet, dicte « *Sur la vérité et le mensonge au sens extra-moral* ».

1874 Publication *De l'utilité et des inconvénients de l'histoire pour la vie* (1874). (*inactuelles II*).

1874 août, violente altercation avec Wagner menant à une séparation violente avec lui, rupture relationnelle pendant deux ans.

1873-1874 Prépare des notes pour une série de conférences sur la rhétorique classique pour le semestre d'été 1874, le cours n'est pas fourni en raison du manque d'intérêt des étudiants.

1875 Première rencontre avec Peter Gast, son premier « disciple ».

1875 Elizabeth s'installe à la maison de Nietzsche à Bâle.

1875 mars, publication du « nous philologues ».

1875 Juin, migraines violentes, attaques de vomissements, va faire des cures en Forêt Noire, à Steinabad.

1875 décembre, Nietzsche s'effondre le jour de Noël.

1876 février, longue période d'absence de l'enseignement pour maladie.

1876 avril, visite à Genève, proposition à Mathilde Trampedach rejetée.

1876 Publication de l'essai *Considérations Inactuelles*.

1876 juillet, Nietzsche assiste aux répétitions pour le premier Festival de Bayreuth, mais le quitte en raison de son état de santé.

1876 juillet, se rend en Forêt Noire à Klingenbrunn.

12 août 1876, revient à Bayreuth avec Elisabeth.

1876 Du 13 au 17 août, assiste au premier cycle public des Nibelungen. Evite Wagner, ne se présente pas au deuxième cycle. Bayreuth.

27 août 1876, revient à Bâle.

1876 août, commence à travailler sur Humain trop humain à Bâle.

1876 Le 15 octobre, santé dégradée, congé de maladie de l'Université pendant un an. Bâle.

1876 octobre, séjours à Bex.

1876, Le 20 octobre, Nietzsche reste à Sorrente avec Rée et le romancier Albert Brenner dans une villa avec Malwida Meysenbug.

1876 Réunion finale de Nietzsche avec Wagner à Sorrente.

1877 mai, part à Sorrente.

1877 juin-août, voyage seul en Italie et en Suisse. Nietzsche travaille sur Humain, trop humain et refuse toute allégeance à Schopenhauer.

1877 septembre, il revient à Bâle. Partage sa maison avec Elizabeth et Peter Gast. Enseignement.

1878 mai, publication *d'Humain, trop humain.*

1878 juin, Elizabeth retourne à Naumburg.

1878 août-septembre, Nietzsche tombe malade. Wagner attaque Nietzsche.

1879 février, publication de la Deuxième partie de *Humain, trop humain* (*Opinions et dictons mixtes*).

1879 avril, Nietzsche souffre de migraine et autres maux indéfinis, Overbeck contacte Elizabeth qui vient à Bâle pour l'assister.

1879 Le 14 juin, Nietzsche prend sa retraite de l'université.

1879 Voyage au château de Bremgarten près de Berne, à Zurich, Schloss Bremgarten, Berne, et enfin à St.Moritz.

1879 septembre, achève la troisième partie de *Humain, trop humain* (*Le Voyageur et son ombre*). St. Moritz

1879 octobre à Naumburg.

1880 Publication de la Troisième partie de *Humain, trop humain*

(*Le Voyageur et son ombre*).

1880 mars dans la maison de Gast, à Venise. Juin à Marienbad. Puis Bâle. Puis Stresa. Passe l'hiver à Gênes.

1880 De janvier à novembre, Nietzsche travaille sur Aurore, dictant à Peter Gast.

1881 Hiver et Printemps à Gênes, été à Sils Maria (Engadine), finit à Gênes.

1881 Travaille sur *Le Gai savoir*.

1881 février, *Aurore* terminé et envoyé à Gast.

1881 avril, Part pour Recoaro avec Gast.

1881 juin, seul à St. Moritz.

1881 juin, publication d'*Aurore*.

1881 juin, Nietzsche à Sils Maria.

1881 Travaille sur *Le Gai savoir*.

1881 août, Nietzsche a des idées initiales pour *Ainsi Parlait Zarathoustra* et la conception de l'éternel retour. Matériel initialement prévu pour *Aurore* qui est finalement développé dans *Le Gai savoir*. Octobre à Gênes.

1881 novembre, voit *Carmen* de Bizet pour la première fois.

1882 février, trois premiers livres du *Gai savoir* terminés. Hiver à Gênes, printemps à Messine, été à Tautenburg avec Lou Salomé et sa sœur Elizabeth, puis à Leipzig. Va à Rapallo en novembre.

1882 Quatrième projet de livre pour *Le Gai savoir*. Paul Rée arrive à Gênes.

1882 mai, Lou Salomé rencontre Nietzsche à Rome.

1882 août, Lou Salomé vient à Tautenburg. *Le Gai savoir* est publié.

1882 septembre, Lou Salomé part avec Rée, plans de Nietzsche pour qu'eux trois aillent vivre ensemble à Paris.

1882 octobre, Lou Salomé, Rée, et Nietzsche restent à Leipzig ensemble.

1882 Voit Lou Salomé en novembre qui prend congé de Rée et Nietzsche.

1883 Écrit la première partie *d'Ainsi Parlait Zarathoustra* dans Rapello pendant l'hiver, départ mars et avril à Gênes, mai à Rome, et l'été à Sils Maria, où il a terminé la deuxième partie. À partir de maintenant jusqu'en 1888, Nietzsche consacre chaque été à Sils Maria, chaque hiver à Nice.

1883 Nietzsche apprend en février la mort de Wagner.

1883 avril, Nietzsche rejoint Elisabeth à Rome.

1883 octobre, Nietzsche s'installe à Nice pour l'hiver.

1884 *Ainsi Parlait Zarathoustra*, Livre 2 terminé. Mésentente avec Elisabeth.

1884 juillet, Nietzsche à Sils Maria travaille sur *Ainsi Parlait Zarathoustra*, Livre 3.

1884 décembre, Nietzsche travaille sur *Ainsi Parlait Zarathoustra*, Livre 4. Quarante copies sont imprimées en privé, mais seulement sept sont réparties entre amis depuis Nice et Menton.

1885 mai, Elisabeth se marie à Bernhard Forster.

1885 Juin, Nietzsche commence *Par-delà le bien et le mal.*

1886 janvier, Nietzsche complète *Par-delà le bien et le mal.*

1886 février, Elisabeth et Bernhard partent pour le Paraguay.

1886 août, *Par-delà le bien et le mal* publié.

1886 octobre, Nietzsche écrit le cinquième livre du *Gai savoir.*

1887 avril-mai, Voyages à Cannobio, à Zurich et Coire.

1887 juin, Nietzsche à Sils Maria. Travaux sur *La Généalogie de la morale.*

1887 novembre, Généalogie de la morale publié.

1888 avril, Nietzsche se déplace à Turin. Hiver à Nice, printemps à Turin, été à Sils Maria, puis à Turin. Georg Brandes donne conférences sur Nietzsche à l'Université de Copenhague.

1888 mai, commence à travailler sur *Le Cas Wagner.*

1888 juin, à Sils Maria, commence *Le Crépuscule des idoles.*

1888 septembre, achève *Le cas Wagner* et commence à travailler sur L'Antéchrist.

1888 octobre, fête son 44ème anniversaire, entame *Ecce Homo.*

1889 janvier, Nietzsche s'écroule dans une rue de Turin. Overbeck vient à Turin pour escorter Nietzsche, retour à Bâle, où il subit un traitement.

1889 Die Götzen-Dämmerung (*Crépuscule des idoles*), écrit en 1888, paraît en janvier

13 janvier 1889. La mère de Nietzsche arrive à Bâle.

1889 janvier, du 17 au 18, Nietzsche se rend à Jena pour un traitement. Il est vite relâché pour les soins de sa mère, qui l'emmène à Naumburg. 1889 juin, Bernhard Förster se suicide.

1892 La quatrième partie de *Zarathoustra* est terminée. Elle est publiée en 1892.

1893 septembre, Elisabeth revient du Paraguay et commence à travailler sur les archives Nietzsche.

1895 *Der Antichrist* et *Nietzsche contre Wagner*, écrits en 1888, sont enfin publiés en huit volumes de la Nietzsche collection. *Der Wille zur Macht* (*La Volonté de Puissance*) est encore considéré par certains comme un livre en soi.

1895 Nietzsche signe un document pour céder tous les droits aux archives Nietzsche, ouvrant la voie à Elisabeth Nietzsche pour un contrôle complet sur ses œuvres.

1897 Sa sœur se déplace à Weimar. 1900 25 août. Mort de Nietzsche à Weimar.

1901 Sa sœur publie environ 400 de ses billets, beaucoup déjà utilisés par lui, formant le tome XV des travaux réunis sous le titre *Der Wille zur Macht* (« *La Volonté de Puissance* »).

1904 Sa soeur intègre 200 pages d'écrits supplémentaires issus de « *La Volonté de Puissance* » dans le dernier tome de sa biographie, *Das Leben Frédéric Nietzsche*.

Une version complètement remodelée de *La Volonté de Puissance*, constituée de 1 067 notes, apparaît dans une édition ultérieure des travaux dans les volumes XV (1910) et XVI (1911).

1908 Première édition d'*Ecce Homo*, rédigé en 1888.

ŒUVRES

Écrits de jeunesse

- *Aus meinem Leben*, 1858
- *Über Musik*, 1858
- *Napoleon III als Praesident*, 1862
- *Fatum und Geschichte*, 1862
- *Willensfreiheit und Fatum*, 1862 (Liberté de la Volonté et Fatum, traduction de Lionel Duvoy)
- *Kann der Neidische je wahrhaft glücklich sein ?*, 1863
- *Über Stimmungen*, 1864 (Sur les Tonalités de l'Âme, traduction de Lionel Duvoy)
- *Dem unbekannten Gotte*, 1864 (Au dieu inconnu, traduction inédite de Lionel Duvoy)
- *Mein Leben*, 1864

Philosophie

- *Homère et la philologie classique*, (*Homer und die klassische Philologie*, leçon inaugurale « *Sur la personnalité d'Homère* » prononcée le 28 mai 1869 et imprimée aux frais de Nietzsche fin décembre
- *Le Drame musical grec*, conférence donnée le 18 janvier 1870 à Bâle

- *Socrate et la tragédie*, conférence donnée le 1er février 1870 à Bâle
- *La Conception dionysiaque du monde*, 1870
- *Sur l'avenir de nos établissements d'enseignement* (*Über die Zukunft unserer Bildungsanstalten*, conférences)
- *Cinq préfaces à cinq livres qui n'ont pas été écrits* (*Fünf Vorreden zu fünf ungeschriebenen Büchern*, 29 décembre 1872) :
    - I. — *La Passion de la vérité* (*Über das Pathos der Wahrheit*)
    - II. — *Réflexions sur l'avenir de nos établissements d'enseignement* (*Gedanken über die Zukunft unserer Bildungsanstalten*)
    - III. — *L'État chez les Grecs* (*Der griechische Staat*)
    - IV. — *Le Rapport de la philosophie de Schopenhauer à une culture allemande* (*Das Verhältnis der schopenhauerischen Philosophie zu einer deutschen Cultur*)
    - V. — *La joute chez Homère* (*Homer's Wettkampf*)
- *La Naissance de la tragédie ou Hellénité et pessimisme* (Première édition : *Die Geburt der Tragödie aus dem Geiste der Musik*, 1872. Deuxième édition : *Die Geburt der Tragödie. Oder : Griechenthum und Pessimismus*, 1886, avec la préface *Essai d'autocritique - Versuch einer Selbstkritik*)

- *Un mot de nouvel An au rédacteur de l'hebdomadaire « Im neuen Reich »* (publié dans Musikalisches Wochenblatt, 17 janvier 1873)
- *Appel aux Allemands*, (octobre 1873, non publié)
- *Cours de rhétorique*, trimestre d'hiver 1872 - 1873
- *Vérité et mensonge au sens extra-moral* (*Über Wahrheit und Lüge im aussermoralischen Sinn*), inachevé
- *La philosophie à l'époque tragique des Grecs* (*Die Philosophie im tragischen Zeitalter der Griechen*)
- *Considérations inactuelles* (*Unzeitgemässe Betrachtungen*) :
    - I. — *David Strauss, l'apôtre et l'écrivain*, 1873
    - II. — *De l'utilité et des inconvénients de l'histoire pour la vie*, 1873 (traduction française sur Wikisource)
    - III. — *Schopenhauer éducateur*, 1874
    - IV. — *Richard Wagner à Bayreuth*, 1876
- *Humain, trop humain. Un livre pour esprits libres* (*Menschliches, Allzumenschliches. Ein Buch für freie Geister*, 1878)
    - *Opinions et sentences mêlées* (*Vermischte Meinungen und Sprüche*)
    - *Le Voyageur et son ombre* (*Der Wanderer und sein Schatten*)
- *Aurore. Pensées sur les préjugés moraux* (*Morgenröte. Gedanken über die moralischen Vorurtheile*, 1881)

- *Le Gai savoir « la gaya scienza »* (*Die fröhliche Wissenschaft « la gaya scienza »*, 1882)
- *Ainsi parlait Zarathoustra. Un livre pour tous et pour personne*[1] (*Also sprach Zarathustra. Ein Buch für Alle und Keinen*, 1885)
- *Par-delà bien et mal. Prélude d'une philosophie de l'avenir* (*Jenseits von Gut und Böse. Vorspiel einer Philosophie der Zukunft*, 1886)
- *Généalogie de la morale. Un écrit polémique* (*Zur Genealogie der Moral. Eine Streitschrift*, 1887)
- *Le Crépuscule des idoles, ou comment philosopher à coups de marteau* (*Götzen-Dämmerung oder wie man mit dem Hammer philosophiert*, 1888)
- *L'Antéchrist. Imprécation contre le christianisme* (*Der Antichrist. Fluch auf das Christenthum*, écrit en 1888, publié en 1895)
- *Ecce homo. Comment on devient ce que l'on est* (*Ecce Homo. Wie man wird, was man ist*, 1888)
- *Le Cas Wagner* (*Der Fall Wagner. Ein Musikanten-Problem*)
- *Nietzsche contre Wagner* (*Nietzsche contra Wagner*)
- *Fragments posthumes*
- *La Volonté de puissance* (précisons qu'il s'agit d'un faux, qui a été en réalité compilé par la sœur du philosophe, Elisabeth Förster-Nietzsche, et qu'il n'est absolument pas représentatif de la pensée du philosophe)

Philologie

- *De fontibus Laertii Diogenii*
- *Über die alten hexametrischen Nomen*
- *Über die Apophthegmata und ihre Sammler*
- *Über die literarhistorischen Quellen des Suidas*
- *Über die Quellen der Lexikographen*

Poésie

- *Idyllen aus Messina*
- *Dionysos-Dithyramben*
- Les *Poésies* de Nietzsche ont été traduites en français par Georges Ribemont-Dessaignes, éd. Champ libre, 1984

LECTURES :

Albert, Paul,

  - *La littérature française au XVIIIème siècle* (Paris, 1876)
  - *La littérature française des origines à la fin du XVIème siècle* (Paris, 1878)
  - *La littérature française au XVIIème siècle* (Paris, 1878)
  - *La littérature française au XIXème siècle* (Paris, 1885)

Alfieri, Vittorio, *Filippo*

Augustinus, Aurelius, *De musica*

Baker, Samuel White, *The Albert Nyanza, Great Basin of the Nile, and Explorations of the Nile Sources* (London, 1866)

Balzac, Honoré de, *Correspondance 1819-1850*, in Œuvres complètes XXIV (Paris, 1876)

Barbey d'Aurevilly, Jules, *Les œuvres et les hommes*, Bd. 8 : *Sensations d'histoire* (Paris, 1886)

Baudelaire, Charles, *Les Fleurs du Mal*, *Œuvres posthumes* et *Correspondance inédites*, précédées d'une étude biographique par E. Crépet (Paris, 1887)

Baumann, Julius J., *Handbuch der Moral nebst Abriss der Rechtsphilosophie* (Leipzig, 1879)

Baumgartner, Adolf, *Dr. M. Lauer und das zweite Buch des Moses Chorenazi* (Leipzig, 1885)

Bérard-Varagnac, Émile, *Portraits littéraires* (Paris, 1887)

Bert, Paul, *La morale des Jésuites* (Paris, 1880)

Otto von Bismarck, *Ausgewählte Reden* (1882)

Bizet, Georges, *Carmen* (Milano)

Bleibtreu, Karl, *Lyrisches Tagebuch* (Berlin, 1885)

Bleibtreu, Karl, *Revolution der Litteratur* (Leipzig, 1887)

Boileau, Nicolas, *L'art poétique. Epîtres, odes, poésies diverses et épigrammes* (Paris, 1878)

Bordier, A., *La Vie des Sociétés* (1887)

Böthlingk, Otto, *Indische Sprüche. Sanskrit und Deutsch* 3 vols. (St. Petersburg, 1870-73)

Boufflers, Stanislas de, *Oeuvres choisies* (Paris, 1877)

Bourde, Paul, *En Corse, l'esprit de clan, les mœurs politiques, les vendettas, le banditisme* (Paris, 1887)

Bourget, Paul,

- *Essais de Psychologie Contemporaine* (Paris, 1883)

- *Études et portraits* (Paris, 1888)
- *Nouveaux Essais de Psychologie Contemporaine* (1885)
- *Un Crime D'amour* (1886)
- *André Cornelis* (1887)

Bouvy, P. E., *Poètes et Mélodes*

Brandes, Georg, *Die romantische Schule in Deutschland* (Leipzig, 1887)

Brandes, Georg, *Emile Zola*

Brandes, Georg, *Moderne Geister: literarische Bildnisse aus dem neunzehnten Jahrhundert* (Frankfurt am Main, 1882)

Brochard, Victor, *Les Sceptiques Grecs* (Paris, 1887)

Brosses, Charles de, *Mémoires* (1858)

Brugsch, Heinrich, *Religion und Mythologie der alten Ägypter: nach den Denkmälern* (Leipzig, 1885)

Brunetière, Ferdinand,

- *Le Roman naturaliste* (1883)
- *Etudes critiques sur l'histoire de la littérature française. Troisième série.* (Paris, 1887)

Buckle, Henry Thomas, *Geschichte der Civilization in England*

Bunge, Gustav, *Vitalismus und Mechanismus*

Burckhardt, Jacob, *Der Cicerone. Eine Anleitung zum Genuss der Kunstwerke Italiens* (Leipzig, 1869)

Burckhardt, Jacob, *Die Kultur der Renaissance in Italien* (Leipzig, 1869)

Byron, Lord, *Vermischte Schriften, Briefwechsel und Lebensgeschichte* 3 vols. hg. von Ernst Ortlepp (Stuttgart)

Carey, Henry Charles, *Lehrbuch der Volkswirthschaft und Sozialwissenschaft*, übersetzt von K. Adler (Wien, 1870)

Caspari, Otto, *Der Zusammenhang der Dinge. Gesammelte philosophische Aufsätze* (Breslau, 1881)

Chamfort, Sébastien-Roch Nicolas de, *Pensées, Maximes, Anecdotes, Dialogue* (Paris)

Champagny, *Die Antonine*, deutsch bearbeitet von Eduard Doehler 2 vols. (Halle, 1876-77)

Christaller, Erdmann Gottreich, *Die Aristokratie des Geistes als Lösung der sozialen Frage : Grundriss der natürlichen und vernünftigen Zuchtwahl in der Menschheit*

Constant de Rebecque, Benjamin, *Adolphe*

Constant de Rebecque, Benjamin, *Quelques réflexions sur le théâtre allemand* (Paris-Genève, 1809)

Cornaro, Lodovico, *Die Kunst, ein hohes und gesundes Alter zu erreichen*, deutsche Übersetzung Paul Sembach von Lodovico Cornaro, *Discorsi della vita sobria* (1558) (Berlin)

Custine, Astolphe de, *Mémoires et voyages, ou lettres écrits à diverses époques, pendant des courses en Suisse, en Calabre, en Angleterre, et en Écosse* (Paris, 1830)

Dargenty, G., *Eugène Delacroix par lui-même* (1885)

Daudet, Alphonse,

- *Le Nabab* (Paris, 1877)

- *Sapho* (Paris, 1884)

Delbœuf, Joseph-Rémi-Léopold, *La matière brute et la matière vivante : Étude sur l'origine de la vie et de la mort* (Paris, 1887)

Desbordes-Valmore, Marceline, *Poèmes*

Desprez, Louis, *L'évolution naturaliste* (Paris, 1884)

Deussen, Paul, *Die Sûtras des Vedânta* (Leipzig, 1887)

Deussen, Paul, *Das System des Vedânta* (Leipzig, 1883)

Dostoïevski, Fyodor Mikhaylovich, *Humiliés et offensés*

Dostoïevski, Fyodor Mikhaylovich, *Junger Nachwuchs*

Dostoïevski, Fyodor Mikhaylovich, *L'esprit souterrain*

Dostoïevski, Fyodor Mikhaylovich, *La Maison des Morts*

Dostoïevski, Fyodor Mikhaylovich, *Les Possédés*, traduit du russe par Victor Derély (Paris, 1886)

Doudan, Ximénès, *Mélanges et lettres*, 2 vols. (Paris, 1878)

Doudan, Ximénès, *Pensées et fragments suivis des révolutions du goût* (Paris, 1881)

Dreher, Eugen, *Der Darwinismus und seine Konsequenzen in wissenschaftlicher und sozialer Beziehung* (Halle, 1882)

Dühring, Eugen, *Cursus der Philosophie als streng wissenschaftlicher Weltanschauung und Lebensgestaltung* (Leipzig, 1875)

Dühring, Eugen, *Der Werth des Lebens. Eine philosophische Betrachtung* (Breslau, 1865)

Dühring, Eugen, *Sache, Leben und Feinde* (Karlsruhe und Leipzig, 1882)

Duncker, Max, *Geschichte des Altertums* vol. 2 : *Die Staatsleitung des Pericles* (Leipzig, 1886)

Ebeling, Ernst, *Darstellung und Beurteilung der religionsphilosophischen Lehren J. G. Fichtes.* Hallenser Dissertation (Halle, 1886)

Eckermann, Johann Peter, *Gespräche mit Goethe* (Leipzig, 1868)

Emerson, Ralph Waldo, *Versuche* aus dem Englischen von G. Fabricius (Hannover, 1858)

Emerson, Ralph Waldo, *Neue Essays (Letters and Social Aims)*, Übersetzung und Einleitung von Julian Schmidt (Stuttgart, 1876)

Emerson, Ralph Waldo, *Über Goethe und Shakespeare*, deutsch von H. Grimm (Hannover, 1857)

Ernst A., *L'oeuvre dramatique d'Hector Berlioz* (Paris, 1884)

Espinas, Alfred, *Die thierischen Gesellschaften*, übersetzt von W. Schloesser (Braunschweig, 1879)

Féré, Charles, *Dégénéréscence et criminalité. Essai physiologique.* (Paris, 1888)

Feuerbach, Ludwig, *La Philosophie de l'avenir* (*Grundsätze der Philosophie der Zukunft*), Zurich, 1843.

Fischer, Kuno, *Geschichte der neuern Philosophie* (Heidelberg, 1865)

Flaubert, Gustave, *Lettres de Gustave Flaubert à George Sand. Précédées d'une étude par Guy de Maupassant* (Paris, 1884)

Fontenelle, Bernard Le Bouyer de,

- *Dialogues des morts et Histoire des oracles* (Paris, 1876)
- *Gespräche von mehr als einer Welt zwischen einem Frauenzimmer und einem Gelehrten.* Übersetzung und mit Figuren und Anmerkungen erläutert von Johann Chr. Gottsched (Leipzig, 1730)

Förster, Bernhard, *Deutsche Kolonien im oberen Laplata-Gebiete mit besonderer Berücksichtigung von Paraguay* (1886)

Förster, Bernhard, *Olympia : Ein Blick auf den allgemeinen kunst- und kulturhistorischen Wert der Grabungen am Alpheios* (Halle, 1886)

Förster, Bernhard, *Richard Wagner in seiner nationalen Bedeutung* (Leipzig, 1886)

Foster, Michael, *Lehrbuch der Physiologie* (Heidelberg, 1881)

Fouillée, Alfred, *La science sociale contemporaine* (Paris, 1880)

Frary, Raoul, *Handbuch des Demagogen* (1884)

Fromentin, Eugène, *Les maîtres d'autrefois. Belgique-Hollande* (Paris, 1882)

Fuchs, Carl, *Die Zukunft der musikalisch Vorträges* (1884)

Galiani, Ferdinando, *Lettres à Madame d'Epinay* (Paris, 1882)

Galton, Francis, *Inquiries into Human Faculty and its Development* (London, 1883)

Gebhart, Emile,

- *Les Origines de la Renaissance en Italie* (Paris, 1879)

- *Études Méridionales : La renaissance italienne et la philosophie de l'histoire* (Paris, 1887)

Gidel, Charles, *L'art d'écrire enseigné par les grands maîtres* (Paris, 1879)

Goethe, Johann Wolfgang von,

- *Goethes Briefwechsel mit Schiller* (Stuttgart, 1870)
- *Sämtlich Werke* (Stuttgart Cotta, 1855-58) 40 vols.

Goncourt, Edmond de, *La Faustin* (1882)

Goncourt, Edmond de et Jules de,

- *Charles Demailly* (Paris, 1877)
- *La femme au XVIIIème siècle* (Paris, 1878)
- *Histoire de la société française pendant le directoire* (Paris, 1880)
- *Idées et sensations* (Paris, 1887)
- *Le Journal des Goncourt* (Paris, 1887) vols. 1-3
- *Manette Salomon* (1867)

Gozzi, *Das laute Geheimniss*

Gregorovius, Ferdinand, *Korsika* (1878)

Greif, Martin (F. H. Frey), *Gedichte* (Stuttgart, Cotta, 1886)

Grote, Georg, *Geschichte Griechenlands* Aus dem Englischen Übersetzung von N. N. W.

Meissner (Bd. 1-5) und von Eduard Höpfner (Bd. 6) 6 vols. (Leipzig, 1850-56)

Gury, Jean Pierre, *Compendium theologiae Moralis Ratisbonae*

Guyau, Jean-Marie,

- *Esquisse d'une morale sans obligation ni sanction* (Paris, 1885)
- *L'irréligion de l'avenir* (Paris, 1887)

Hanslick, Eduard, *Vom Musikalisch-Schönen* (Leipzig, 1858)

Harnack, Adolph von, *Lehrbuch der Dogmengeschichte* (1886)

Hartmann, Eduard von, *Phänomenologie des sittlichen Bewusstseins. Prolegemena zu jeder zukünftigen Ethik* (Berlin, 1879)

Hartmann, Eduard von, *Philosophie des Unbewussten* (Berlin, 1869)

Hehn, Victor, *Gedanken über Goethe* (Berlin, 1888)

Herrmann, Emanuel, *Cultur und Natur* (Berlin, 1887)

Herzen, Alexander, *Le cerveau et l'activité cérébrale au point de vue psycho-physiologique* (Paris, 1887)

Hillebrand, Karl, *Zeiten, Völker und Menschen* (Berlin, 1875)

Hillebrand, Karl, *Zwölf Briefe eines ästhetischen Ketzers* (Berlin, 1874)

Höffding, Harald, *Psychologie in Umrissen auf Grundlage der Erfahrung*, aus dem Dänischen überg. v. F. Bendixen (Leipzig, 1887)

Houssaye, Henry, *Les hommes et les idées* (Paris, 1886)

Hugo, Victor, *Notre Dame de Paris*

Hume, David, *Gespräche über natürliche Religion* (Leipzig, 1781)

Jacoby, Leopold, *Die Idee der Entwicklung : Eine sozial-philosophische Darstellung*, 2 vols. (Zürich, 1886)

Jacolliot, Louis, *Les Législateurs Religieux : Manou, Moïse, Mahomet* (Paris, 1876)

Jahn, Otto, *Aus der Alterthumswissenschaft* (Bonn, 1868)

Joly, Henri, *Psychologie des grands hommes* (Paris, 1883)

Joubert, Joseph, *Pensées* (Paris, 1874)

Kant, Immanuel, *Der Streit der Fakultäten*

Kant, Immanuel, *Die Religion innerhalb der Grenzen der blossen Vernunft*

Kant, Immanuel, *Kritik der praktischen Vernunft*

Kant, Immanuel, *Kritik der reinen Vernunft*

Kant, Immanuel, *Kritik der Urteilskraft*

Keller, Gottfried, *Das Sinngedicht* (1882)

Kempis, Thomas à, *De Imitatione Christi*

Knortz, Karl, *Amerikanische Gedichte der Neu Zeit*

Knortz, Karl, *Walt Whitman*

Kohler, Josef, *Das chinesische Strafrecht : Ein Beitrag zur Universalgeschichte des Strafrechts* (Würzburg, 1886)

Kohler, Josef, *Das Recht als Kulturerscheinung : Einleitung in die vergleichende Rechtswissenschaft* (Würzburg, 1885)

Kohler, Josef, *Zur Lehre von der Blutrache* (Würzburg, 1885)

Krauss, August, *Die Psychologie des Verbrechens* (Tübingen, 1884)

Lagarde, Paul Anton de, *Über die gegenwärtige Lage des deutschen Reichs. ein Berichterstatter* (Göttingen, 1876)

Lange, Friedrich Albert, *Geschichte des Materialismus und Kritik seiner Bedeutung in der Gegenwart* (Iserlohn, 1882)

La Rochefoucauld, *Réflexions, sentences et maximes morales de La Rochefoucauld, précédé d'une notice par Sainte-Beuve* (Paris, 1853)

Lecky, William Edward Hartpole *Entstehungsgeschichte und Charakteristik des Methodismus*, aus dem Englischen von Ferdinand Löwe. Besonderer Abdruck des neunten « The religious revival » überschriebenen Kapitels aus Band II von Lecky's *Geschichte von England im achtzehnten Jahrhundert* (Leipzig-Heidelberg, 1880)

Lecky, William Edward Hartpole, *Geschichte des Ursprungs und Einflusses der Aufklärung in Europa*, deutsche Übersetzung von H. Jolowicz (Leipzig-Heidelberg, 1873)

Lecky, William Edward Hartpole, *Sittengeschichte Europas von Augustus bis auf Karl den Grossen*, deutsche Übersetzung von H. Jolowicz, 2 vols. (Leipzig-Heidelberg, 1879)

Leibniz, Gottfried Wilhelm, *Essais de theodicée*

Lemaître, Jules,

- *Les contemporains. Première série.* (Paris, 1886)
- *Les contemporains. Deuxième série.* (Paris, 1886)
- *Petites orientales* (Paris, 1883)

Leopardi, Giacomo *Giacomo Leopardi*, Deutsch von Paul Heyse (Berlin, 1878)

Letourneau, Charles, *Physiologie des passions* (Paris, 1868)

Lichtenberg, Georg Christoph, *Vermischte Schriften* (Göttingen, 1867)

Liebmann, Otto, *Gedanken und Tatsachen*

Liebmann, Otto, *Zur Analysis der Wirklichkeit* (Strassburg, 1876)

Littré, Emile, *La science au point de vue philosophique* (Paris, 1876)

Loudun, E., *L'Italie moderne* (Paris, 1886)

Mach, Ernst, *Beiträge zur Analyse der Empfindungen* (Jena : 1886)

Mainländer, Philipp, *Die Philosophie der Erlösung* (1876)

Manzoni, Alessandro, *Conte di Carmagnola*

Maudsley, Henry, *Die Zurechnungsfahigkeit der Geisteskranken* (Leipzig : 1875)

Mérimée, Prosper,

- *Dernières nouvelles* (Paris, 1874)
- *Lettres à une inconnue* (Paris : 1874)
- *Lettres à une autre inconnue* (Paris : 1875)

Meyer, Wilhelm, *Anfang Ursprung lateinisch und griechisch Rhythmen* (München : 1884)

Meysenbug, Malwida von, *Memoiren einer Idealistin* (Stuttgart : 1876)

Mill, John Stuart, *Gesammelte Werke*, 12 vols. hg. von Th. Gomperz (Leipzig : 1869-80)

Friedrich Hölderlin : *Kurze Biographie und Problem aus seinen Werken* (Leipzig : 1859)

Molière,

- *Le Malade imaginaire* (Bielefeld, 1860)
- *Le Bourgeois gentilhomme* (Bielefeld, 1877)
- *Les Femmes savantes* (Leipzig, 1877)
- *Les Précieuses ridicules* (Leipzig, 1879)

Monod, Gabriel, *Les Beaux-Arts a l'exposition universelle (1867-1878)* (Paris, 1878)

Montaigne,

- *Essais : avec des notes de tous les commenteurs* (Paris : 1864)
- *Versuche, deutsch Übersetzung* (Leipzig : 1753-54)

Montalembert, Charles Forbes René, *Les Moines d'Occident*

Montégut, Emile, *Types littéraires et fantaisies esthétiques* (Paris, 1882)

Montesquieu, *Considérations sur les causes de la grandeur des Romains et de leur décadence* (Paris, 1836)

Müller, August, *Der Islam in Morgen- und Abendland* (Berlin : 1885-87)

Müller, Max, *Essays : Beiträge zur vergleichenden Religionswissenschaft ; Beiträge zur vergleichenden Mythologie und Éthologie* 2 vols. (Leipzig : 1869)

Nägeli, Karl Wilhelm von, *Mechanisch-physiologische Theorie der Abstammungslehre* (Munich : 1884)

Narrey, Charles, *L'éducation d'Achille* (Paris : 1885)

Nohl, Ludwig, *Das Leben Wagners*

Oldenberg, Hermann, *Buddha. Sein Leben, seine Lehre, seine Gemeinde* (Berlin : 1881)

Pascal, Blaise

- *Gedanken, Fragmente und Briefe : nach der Ausgabe Prosper Faugère.* Deutsch Übersetzung von Dr. C. F. Schwartz. Zweite Auflage (Leipzig 1865)
- *Pensées, fragments et lettres : publiés pour la première fois conformément aux manuscrits originaux en grande partie inédite* von Prosper Faugère (Paris : 1844)

Paulhan, Frédéric, *Les phénomènes affectifs et les lois de leur apparition : Essai de psychologie générale* (Paris : 1887)

Plutarch, Caesar

Post, Albert Hermann, *Bausteine für eine allgemeine Rechtswissenschaft auf vergleichend-ethnologischer Basis* 2 vols. (Oldenburg : 1880-81)

Pougin, Arthur, *Die erste Anfänge der französisch Oper*

Proctor, R. A., *Unser Standpunkt im Weltall* (Heilbronn : 1877)

Racine, Jean,

- *Andromache* (Leipzig, 1877)
- *Athalie* (Bielefeld, 1853)
- *Esther* (Bielefeld, 1859)

Ratzel, Friedrich, *Anthropo-Geographie oder Grundzüge der Anwendung der Erdkunde auf die Geschichte* (Stuttgart : 1882)

Rée, Paul,

- *Über den Ursprung der moralischen Empfindungen* (Chemnitz : 1877)
- *Entstehung des Gewissen*

- Reidt, F., *Die Elemente der Mathematik* (Berlin : 1868)
- Reis, P., *Lehrbuch der Physik* (Leipzig : 1872)
- Rémusat, Madame de, *Mémoires 1802-08* 3 vols. (Paris : 1880)

Renan, Ernest

- *La Vie de Jésus* (Paris : 1863)
- *Histoire des origines du Christianisme* (Paris : 1883)
- *Philosophische Dialoge und Fragmente, Übersetzung von Konrad von Zdekauer* (Leipzig : 1877)

Reuter, Hermann, *Augustinische Studien* (Gotha : 1887)

Richepin, Jean, *Les blasphèmes* (Paris, 1884)

Richet, Charles

- *Essai de psychologie générale* (Paris : 1887)
- *L'Homme et l'intelligence : Fragments de physiologie et de psychologie* (Paris : 1884)

Roberty, Eugène de, *L'ancienne et la nouvelle philosophie: Essai sur les lois générales du développement de la philosophie* (Paris : 1887)

Rolph, William Henry, *Biologische Probleme, zugleich als Versuch zur Entwicklung einer rationellen Ethik* (Leipzig : 1884)

Romundt, Heinrich, *Grundlegung zur Reform der Philosophie : Vereinfachte und erweiterte Darstellung von Immanuel Kants Kritik der reinen Vernunft* (Berlin : 1885)

Roux, Wilhelm, *Der Kampf der Theile im Organismus. Ein Beitrag zur Verwollständigung der mechanischen Zweckmässigkeitslehre* (Leipzig : 1881)

Sainte-Beuve, Charles-Augustin

- *Causeries du Lundi* (Paris : 1851-62)
- *Les Cahiers suivis de quelques pages de littérature antique* (Paris : 1876)

Saint-Ogan, Lefebvre, *Essai sur l'influence française* (Paris : 1885)

Saint-Réal, *Conjurations des Espagnols contre la République de Venise, et des Grecques* (Paris)

Salis-Marschlins, Meta von, *Agnes von Poitou : Kaiserin von Deutschland : Eine Historisch-Kritisch-Psychologische Abhandlung (Zürich : 1887)*

Salomé, Lou von, *Kampf um Gott*

Sand, George, *Sämtliche Werke, mit einer Einleitung von Arnold Ruge (Leipzig : 1844-47)*

Scherer, Edmond, *Études sur la littérature contemporaine vol. 8 of 10 (Paris : 1885)*

Schmidt, Leopold, *Die Ethik der alten Griechen 2 vols. (Berlin : 1882)*

Schneider, Georg

- *Der menschliche Wille* (Berlin : 1882)
- *Der thierische Wille. Systematische Darstellung und Erklärung der thierischen Triebe und deren Entstehung, Entwickelung und Verbreitung im Thierreiche als Grundlage zu einer vergleichenden Willenslehre* (Leipzig : 1880)

Schöll, Adolf, *Goethe in Hauptzügen seines Lebens und Wirkens* (1882)

Schopenhauer, Arthur,

- *Werke, Frauenstädt-Ausgabe* (Leipzig : 1873-74) :
- *Die Welt als Wille und Vorstellung* 2 vols.
- *Die beiden Grundprobleme der Ethik*
- *Nachlass*
- *Parerga und Paralipomena* 2 vols.
- *Über den Willen in der Natur*

Scribe, Eugène, *La Calomnie* (Paris, 1862)

Semper, Karl, *Die natürlichen Existenzbedingungen der Thiere* (Leipzig : 1880)

Seydlitz, Reinhart von, *Le Japonisme*

Simplicius, *Kommentar zu Epiktetos*

Spencer, Herbert, *Die Thatsachen der Ethik.* Übersetzung von B. Vetter (Stuttgart : 1879)

Spinoza, Benedict de (Baruch de)

- *Ethica*
- *Tractatus de Intellectus Emendatione*

- Spir, Afrikan, *Denken und Wirklichkeit. Versuch einer Erneuerung der kritischen Philosophie.* (1877, site Gallica)

Spitteler, Carl

- *Ästhetische Aufsätze*
- *Die Ästhetik des fransösische Drama*
- *Theater und theatralisches*
- *Über Schubert*

Staël, Germaine de, *Corinne ou l'Italie* (Paris)

Stahl, P. J., *Histoire de Chamfort : sa vie et ses œuvres* (Bruxelles : 1856)

Stein, Heinrich von, *Geschichte der Anfang Ästhetik*

Steiner, Heinrich, *Der Zürcher Professor Johann Heinrich Hottinger in Heidelberg 1855-61* (Zürich : 1886)

Stendhal

- *Correspondance inédite, précédée d'une introduction par Prosper Mérimée* (Paris : 1855)
- *Histoire de la peinture en Italie* (Paris : 1868)
- *Journal*
- *Le Rouge et le Noir* (1830)
- *Mémoires d'un touriste* (Paris : 1877)
- *Racine et Shakespeare* (Paris : 1864)

- *Rome, Naples et Florence* (Paris : 1854)
- *Vie de Napoléon*

Stewart, Balfour, *Die Erhaltung der Energie* (Leipzig : 1875)

Stifter, Adalbert, *Nachsommer* (1857)

Stowe, Harriet Beecher, *Uncle Tom's Cabin* (1852)

Strauss, David Friedrich, *Der alte und der neue Glaube* (Berlin : 1871) (Leipzig : 1872)

Strindberg, August

- *Les Mariés*
- *Père : tragédie en trois actes*
- *Remords*

Swift, Jonathan

- *Humoristische Werke* (Stuttgart : 1844)
- *Swift-Büchlein* (1847)

Taine, Hippolyte,

- *Die Entstehung des modernen Frankreich, I. Bd. Das vorrevolutionäre, Autorisierte deutsche bearbeitet von L. Katscher* (Leipzig : 1877)
- *Geschichte der englischen Literatur, deutsche Ausgabe bearbeitet* von L. Katscher und G. Gerth 2 vols. (Leipzig : 1878-80)
- *Philosophie de l'art* (Paris : 1865)
- *Vie et opinions de Monsieur Frédéric Thomas Graindorge*

Teichmüller, Gustav, *Die wirkliche und die scheinbare Welt* (1882)

Théo-Critt, *La Corse à travers les Mâquis* (Lyon : 1883)

Thomassen, Josef Hermann, *Bibel und Natur. Allgemein verständliche Studien über die Lehren der Bibel vom Standpunkte der heutigen Naturwissenschaft und Geschichte.* 4. Auflage. (Köln-Leipzig : 1881)

Thucydides, *Geschichte des Peloponnesischen Kriegs, übersetzt von Dr. Adolf Wahrmund* (Stuttgart : 1864) TXT in English

Tolstoï, Count Lev Nikolayevich, *Ma religion* (Paris : 1885)

Trolle, Albert, *Das italienische Volkstum und seine Abhängigkeit von den Naturbedingungen : Ein Anthropo-Geographische Versuch* (Leipzig : 1885)

Überweg, Friedrich, *Grundriss der Gechichte der Philosophie von Thales bis auf die Gegenwart* 3 vols. (Berlin : 1867)

Vauvenargues, *Œuvres choisies* (Paris, 1870)

Vigny, Alfred de, *Stello*

Vogt, J. G., *Die Kraft. Eine real-monistische Weltanschauung. Bd. I : Die Kontraktionsenergie, die letztursächliche einheitliche mechanische Wirkungsform des Weltsubstrates* (Leipzig : 1878)

Voltaire,

- *Lettres choisies de Voltaire : Le traité de la connaissance des beautés et des défauts de la poésie et de l'éloquence dans la langue française* édité par Louis Moland (Paris : 1876) 2 vols.

- *Zaïre* (Bielefeld, 1859)

Wackernagel, J., *Über den Ursprung des Brahmanismus* (Basel : 1877)

Wellhausen, Julius

Prolegomena zur Geschichte Israels (Berlin : 1883)

Reste des arabischen Heidentums (Berlin :1887)

Skizzen und Vorarbeiten (Berlin : 1887)

Widemann, Paul Heinrich, *Erkennen und Sein, Lösung des Problems des Idealen und Realen, zugleich eine Erörterung des richtigen Ausgangspunktes und der Prinzipien der Philosophie* (1885) Windisch, Ernst, *Iti-vuttaka*

Wittmer, Gustav, *Die Festspiele von Bayreuth, ihre religiöse, künstlerische und nationale Bedeutung* (Leipzig : 1888)

Ziegler, Theobald, *Geschichte der Ethik*

Zöllner, Johann Carl Friedrich, *Über die Natur der Kometen. Beiträge zur Geschichte und Theorie der Erkenntniss* (Leipzig : 21872)

COMPOSITIONS MUSICALES

Date	Numéro NWV	Titre	Détails
1854 (?)	43	Melodiefragment	
1854/55	-	Übungen (Tonarten und Akkorde)	
1854 (?)	-	Petits mouvements à plusieurs voix	
1854 (?)	-	*Introduzion*, *Marcia*	Esquisses pour piano
1856	44	Sonatine op. II	
6 novembre 1856	45	Sonate D-dur	
6 novembre 1856	46	Sonate G-dur	
1857 (?)	47	*Geburtstagssinphonie*	Pour violon et piano
1857/58	48	*Marcia*	
1857/58	49	Esquisses pour piano	
	50	*Sonata*	
	51	Ouverture pour orchestre à cordes	
	52 a b	*Es zieht ein stiller Engel* : a) Mouvement à 4 voix b) Choral (Fragment)	
1858 (?)	53	Maestoso adagio	(piano)
	54	Allegro con brio	(piano)
	55 a b	. a) Vivace (piano) b) Allegro (piano)	

	56	Allegro con brio	(piano à 4 mains)
Décembre 1858	57 a b	*Hoch tut euch auf* a) 1re version b) 2e version	Motet . .
1858/59	58	*Jesus meine Zuversicht*	Motet
(?)	59	*Aus der Tiefe rufe ich*	
1858	60	Mouvement de quatuor à cordes	
	(-)	Choral-melodie-Entwürfe (Buchstabennotation)	
vers 1859	61 a b	. a) *Einleitung zu ...* b) Fragment de fugue	
	62	*Einleitung*	(piano à 4 mains)
1859-60	63	*Missa*	(pour orchestre et chœur, esquisses)
	63a	Fragment (piano, *Secondo*)	
24 décembre 1859	64	*Phantasie*	(piano à 4 mains)
4 juillet 1860	65 a b	*Miserere* a) 5 projets b) Miserere	(chœur à 5 voix) . .
Avant Pâques 1861	66	3 esquisses	(piano)
	67	Schluss eines Klavierstücks	
vers 1861	68	Einleitung Des-dur	(piano)
1860/61	69	Weihnachts-Oratorium :	

Août 1860	69/I	Introduction et chœur *Hüter ist die Nacht bald hin*	 Einleitung, 1860
Octobre 1860	69/V	Zwei Hirtenchöre	
Décembre 1860	69/III	Chorsätze *Gebenedeit*, *Einen Propheten*	
janvier et mars 1861	69/IV	*Einleitung zu Mariae Verkündigung*, *Verkündigung*,	Fugues pour chœur et solistes
27 mars 1861	(-)	*Magnificat*	
1er avril 1861	69/VI	*Ehre sei Gott*	Chœur
3 avril 1861	(-)	*An der Krippe*	
Avant juin 1861	69/II	Hirtenchor, Sternerwartung, Gesang des Mohren, Instrumentalstück Ges-dur	

Juin 1861	69/V	*Einleitung zur III. Szene*	
Juillet 1861	69/VI	*Heidenwelt, Der Könige Tod*	Fragments divers
	(-)	*Weihnacht, Charfreitag, Ostern, Busstag*	Compositions pour orgue
Juillet-août 1861	70	*Schmerz ist der Grundton der Natur*	(aus Teilen des Weihnacts-Oratoriums)
Automne 1861	71	Esquisse (de *Foscari* ?)	
Septembre 1861	72	*Ermanarich*	Poème symphonique, (piano à 4 mains)
Automne 1861	73	Presto	(esquisse, piano 4 mains)
	1	Lied *Mein Platz vor der Tür*	(Klaus Groth)
Avant 2 février 1862	(-)	*Wilde Träume, Haideschenke, Impromptu*	Esquisses hongroises
Avant Pâques 1862	2	*Heldenklage*	(piano)
(?)	3	Fragment	(piano)
29 avril 1862	4	Esquisse (de *Merlin* ?)	
Juin 1862	(-)	*Nachts auf der Haide, Heimweh*	Esquisses hongroises
22 juin 1862	5	*Ungarischer Marsch*	(piano)
	6	Zigeuner Tanz	(Fragment, piano)
Juillet 1862[citation nécessaire]	7	Édes titok (*Still et ergeben*)	(piano)
	(-)	*Lied ohne Worte*	
	(-)	*Kirchenlieder*	(=pour Weihnachts-Oratoriums ?)
	8	Lied *Aus der Jugendzeit*	(Friedrich Rückert)
Juillet/août 1862 (ou 1863 ?)	9	*So lach doch mal*	(piano) (Klaus Groth)

Septembre 1862	10 a b	*Da geht ein Bach* a) b)	 a) pour piano b) lied (Klaus Groh)
Septembre 1862	11	*Im Mondschein auf der Puszta*	(piano)
Septembre 1862	12	*Ermanarich*	Poème symphonique (piano)
5 novembre 1862	13 a b	*Unserer Altvordern eingedenk* a) *Mazurka* b) *Aus der Czarda*	2 danses polonaises (piano)
Décembre 1862	(-)	*O Glockenklang in Winternacht*	(Lied)
janvier 1863	14 a b	*Das zerbrochene Ringlein* : a) Melodram b) Albumblatt (Piano)	a) Piano et voix (Joseph von Eichendorff) b) Piano
2 avril 1863	15	*Grosse Sonate*	(Fragment, Piano)
Eté 1863	16	*Wie sich Rebenranken schwingen*	Lied (August Hoffmann von Fallersleben)
vers 1863	17	Das *Fragment an sich*	
1863	18	Entwürfe zu *Sylvesternacht*	
29 décembre 1863- 2 janvier 1864	19	*Eine Sylvesternacht*	(Violon et piano)
Nov.-13 décembre 1864	20-28	12 Lieder :	
	20	*Beschwörung*	(Alexandre Pouchkine)
	(-)	*Winternacht*	(Alexandre Pouchkine)
	(-)	*Die Kette*	(Alexander Petöfi)
	21	*Nachspiel*	(Alexander Petöfi)
	22	*Ständchen*	(Alexander Petöfi)
	23	*Unendlich*	(Alexander Petöfi)
	24	*Verwelkt*	(Alexander Petöfi)
	24	*Wo bist du*	(Alexander Petöfi)
	25	*Ungewitter*	(Adelbert von Chamisso)

	26	*Gern et Gerner*	(Adelbert von Chamisso)
	27	*Das Kind an die erloschene Kerze*	(Adelbert von Chamisso)
	28	*Es winkt und neigt sich*	(Nietzsche ?)
11 juin 1865	29 a b	*Junge Fischerin* a) 1re version b) 2e version	Lied (Nietzsche)
Décembre 1865 (?)	30	*Sonne des Schlaflosen*	Fragment de lied (Byron) (Chœur et Orchestre)
Décembre 1865	31	*O weint um sie*	Esquisse (Byron) (chœur et orchestre)
23 janvier 1866	32	*Kyrie*	Fragment
22 avril 1867	33	*Herbstlich sonnige Tage*	Quatuor vocal avec piano (Emanuel Geibel)
13 août 1870	34	*Ade ! Ich muss nun gehen*	Marschlied (Chœur)
16 octobre 1871	35	*Das Fragment an sich*	
2-7 novembre 1871	36	*Nachklang einer Sylvesternacht,* *mit Prozessionslied, Bauerntanz und Glokkengeläute*	(Piano à 4 mains)
16 novembre 1871	37	*Kirchengeschichtliches Responsorium*	(Chœur et Piano)
15 avril 1872	38 a b	Manfred-Meditation a) b)	. a) (Piano à 4 mains) b) Esquisse instrumentale
janvier/février 1873	39	*Monodie à deux (Lob der Barmherzigkeit)'*	(piano à 4 mains)
24 avril 1873- 29 décembre 1874	40 a b c .	*Hymnus auf die Freundschaft,* a) Canon à trois voix *Lieber Freund* b) Version pour piano à 4 mains c) Version pour piano à 2 mains (-) Version pour 3 voix et piano	

1874	(-)	*Hymnus an die Einsamkeit*	
Fin août 1882	41	*Gebet an das Leben*	Lied (Lou von Salomé)
1887	42	*Hymnus an das Leben*	pour Chœur et Orchestre, adapté par Peter Gast
?	74	Divers fragments non datables	

Source

Friedrich Nietzsche, *Der musikalische Nachlass*, Bärenreiter-Verlag Basel, 1976

CORRESPONDANCES

La correspondance de Nietzsche a fait l'objet, en langue française, des éditions partielles suivantes :

- Nietzsche, *Lettres à Peter Gast*, éditions du Rocher, 1957. Deux tomes : tome premier, introduction et notes par André Schaeffner ; tome second, Lettres à Peter Gast traduites par Louise Servicen. Comprend 278 lettres de Nietzsche à Peter Gast, entre le 27 mai 1876 et le 4 janvier 1889.
- Nietzsche, *Lettres choisies*, choix et présentation de Marc de Launay, textes établis par Giorgio Colli et Mazzino Montinari, traductions d'Henri-Alexis Baatsch, Jean Bréjoux, Maurice de Gandillac et Marc de Launay, folio classique n° 4791, Gallimard, 2008. Contient 135 lettres de Nietzsche. (ISBN 978-2-07-033917-4).
- Nietzsche, *Lettres choisies*, traduites et réunies par Alexandre Vialatte, Gallimard, 1937. Contient 147 lettres de Nietzsche.
- Friedrich Nietzsche, Paul Rée, Lou von Salomé, *Correspondance*, édition établie par Ernst Pfeiffer à partir d'un travail en commun effectué jadis par Karl Schlechta et Erhart Thierbach, traduit de l'allemand par Ole Hansen-Løve et Jean Lacoste, Perspectives critiques, Presses universitaires de France, 1979, (ISBN 2 13 035889 6).
- Friedrich Nietzsche, *Dernières Lettres*, préface de Jean-Michel Rey, traduit de l'allemand par Catherine

Perret, Petite Bibliothèque, Éditions Rivages, 1989. Contient 58 lettres de Nietzsche, du 14 avril 1887 au 6 janvier 1889. (ISBN 2-86930-282-7).

- Cosima Wagner-Friedrich Nietzsche, *Lettres*, traduites de l'allemand par Stefan Kämpfer et précédées d'un essai de Marc Sautet *« Les Femmes de Nietzsche »*, collection « Amor fati », le cherche midi éditeur, 1995. (ISBN 2-86274-389-5).
- Friedrich Nietzsche, *Correspondance avec Malwida von Meysenbug*, traduit de l'allemand, annoté et présenté par Ludovic Frère, Allia, octobre 2005. (ISBN 2-84485-200-9). Contient 123 lettres échangées entre Nietzsche et Malwida von Meysenbug.
- Georg Brandes, *Nietzsche*, L'Arche, 2006, (ISBN 2-85181-631-4). Contient 12 lettres de Nietzsche à Georg Brandes.
- Friedrich Nietzsche, *Correspondance*, textes établis par Giorgio Colli et Mazzino Montinari, traduction d'Henri-Alexis Baatsch, Jean Bréjoux et Maurice de Gandillac, placée sous la responsabilité de Maurice de Gandillac, Gallimard, en cinq tomes, dont trois parus :
  - Tome I, juin 1850 - avril 1869, 1986. Contient 633 lettres de Nietzsche. (ISBN 2-07-070594-3).
  - Tome II, avril 1869 - décembre 1874, 1986. Contient 411 lettres de Nietzsche. (ISBN 2-07-070595-1).
  - Tome III, janvier 1875 - décembre 1879, traductions et notes sous la responsabilité de Jean Lacoste, 2008. Contient 511 lettres de Nietzsche (n° 412 à n° 922). (ISBN 978-2-07-012040-6).
- Friedrich Nietzsche, *Dernières Lettres. Hiver 1887-hiver 1889. De La volonté de puissance à L'Antichrist*, présentation, traduction et notes de Yannick Souladié, collection *Le Philosophe*, Paris,

Éditions Manucius, 2011, 270 pages. Contient 174 lettres choisies parmi les 488 connues que Nietzsche écrivit entre le 1er janvier 1887 et le 4 ou 5 janvier 1889, notamment l'intégralité des lettres de Nietzsche à Ferdinand Avenarius, Jean Bourdeau, Georg Brandes, Carl Spitteler, August Strindberg, Hippolyte Taine, Helen Zimmern et des "Billets de la folie". (ISBN 978-2-84578-126-9)

- Marc Crépon (dir.), *Nietzsche*, coll. Les Cahiers de l'Herne, Éditions de l'Herne, 2000, 2005 ; « choix de lettres », traduites par Michèle Cohen-Halimi et Marc de Launay, p. 36-46 ; « lettres de rupture », traduites par Max Marcuzzi, p. 47-49.

Sur Nietzsche

Lou Andreas-Salomé, *Friedrich Nietzsche à travers ses œuvres* [1894], Grasset, 2004.

Dorian Astor, *Nietzsche*, Gallimard, 2001.

Christophe Baroni, *Nietzsche éducateur : De l'homme au Surhomme*, Fabert, 2008.

Ernst Bertram, *Nietzsche. Essai de mythologie* [1918], Le Félin, 2007.

Maurice Blanchot, *L'Entretien infini*, Gallimard, 1969.

Eric Blondel, Nietzsche, *le corps et la culture*, L'Harmattan, 2006.

Pierre Boudot, *Nietzsche. La momie et le musicien*, L'Atelier des brisants, 2002.

Giorgio Colli, *Après Nietzsche* [1974], L'Eclat, 2000.

Ecrits sur Nietzsche, [1980], L'Eclat, 1996.

Marcel Conche, *Nietzsche et le bouddhisme*, Encre marine, 2009.

Yannis Constantinidès et Damien MacDonald, *Nietzsche l'éveillé*, Ollendrof et Desseins, 2009.

Marc Crépon, *Nietzsche. L'art et la politique de l'avenir*, PUF, 2003.

Gilles Deleuze, *Nietzsche et la philosophie*, [1962] PUF, 2010.

Jacques Derrida, Eperons, *Les styles de Nietzsche*, préface de Stefano Agosti, Flammarion, 2010.

Paul Deussen, *Souvenirs sur Friedrich Nietzsche*, Le Promeneur, 2002.

Bernard Edelman, *Nietzsche. Un continent perdu*, PUF, 1999.

Florence Fabre, *Nietzsche musicien. La musique et son ombre*, Presses universitaires de Rennes, 2006.

Jean-Pierre Faye, *Le Vrai Nietzsche. Guerre à la guerre*, Hermann, 1998.

Nietzsche et Salomé. *La philosophie dangereuse*, Grasset, 2000.

Eugen Fink, *La Philosophie de Nietzsche*, [1960], Editions de Minuit, 1965.

Hans-Georg Gadamer, *Nietzsche l'Antipode. Le drame de Zarathoustra*, [1987], Allia, 2000.

Jean Granier, *Nietzsche*, PUF, « Que sais-je », 2010.

Michel Haaz, *Nietzsche et la métaphore cognitive*, L'Harmattan, 2006.

Martin Heidegger, *Nietzsche*, Gallimard, 1972.

Curt Paul Janz, *Nietzsche*, [1978-1979], Gallimard, Vol.1, *Enfance, jeunesse, les années bâloises*, 184. Vol.2, *Les Dernières années bâloises, le libre philosophe*, 184. Vol.3, *Les Dernières années du libre philosophe, la maladie*, 1985.

Karl Jaspers, *Nietzsche, Introduction à sa philosophie*, Gallimard, 1978.

Nietzsche et le christianisme et *Raison et existence*, Bayard, 2003.

Mathieu Kessler, *Esthétique de Nietzsche*, PUF, 1998.

Pierre Klossowski, *Nietzsche et le cercle vicieux*, [1969], Mercure de France, 1991.
Sarah Kofman, *Explosion I. De l'Ecce Homo de Nietzsche*, Galilée, 1992. *Explosion II. Les enfants de Nietzsche,* Galilée, 1993.
Angèle Kremer-Marietti, *Nietzsche. L'homme et ses labyrinthes*, [1972], L'Harmattan, 1999.
Nietzsche et la réthorique, l'Harmattan, 2007. *Nietzsche ou les enjeux de la fiction*, L'Harmattan, 2009.
Jacques Le Rider, *Nietzsche en France de la fin du XIX*[ème] *siècle au temps présent*, PUF, 1999.
Georges Liébert, *Nietzsche et la musique*, PUF, 2000.
Patrick Mauriès, *Nietzsche à Nice*, Gallimard, 2009.
Guillaume Métayer, *Nietzsche et Voltaire. De la liberté de l'esprit et de la civilisation*, Flammarion, 2011.
Pierre Montebello, *Nietzsche. La volonté de puissance*, PUF, 2001.
Wolfgang Müller-Lauter, *Physiologie de la volonté de puissance*, Allia, 1998.
Michel Onfray, *De la sagesse tragique. Essai sur le bon usage de Nietzsche*, LGF, 2008.
L'innocence du devenir. La vie de Frédéric Nietzsche, Galilée, 2008.
Franz Overbeck, *Souvenirs sur Friedrich Nietzsche*, Allia, 2000.
Alexis Philonenko, *Nietzsche, le rire et le tragique*, Le Livre de poche, 1995.
Ernst Friedrich Podach, *L'Effondrement de Nietzsche*, Gallimard, 1978.
Olivier Reboul, *Nietzsche critique de Kant*, PUF, 1974.
Rüdiger Safranski, *Nietzsche. Biographie d'une pensée*, Actes Sud, 2000.
Karl Schlechta, *Le Cas Nietzsche* [1960], Gallimard, 1997.
Philippe Sollers, *Une vie divine*, Folio, 2007.
Barbara Stiegler, *Nietzsche et la biologie*, PUF, 2001.

Nietzsche et la critique de la chair. Dionysos, Ariane, le Christ, PUF, 2005.

Stamatios Tzitzis, *Nietzsche et les hiérarchies*, L'Harmattan, 2008.

Paul Valadier, *Nietzsche et la critique du christianisme*, Le Cerf, 1974. *Jésus-Christ ou Dionysos. La foi chrétienne en confrontation avec Nietzsche*, Desclée de Brouwer.

Nietzsche, l'Athée de rigueur, Desclée de Brouwer, 1989.

Nietzsche : cruauté et noblesse du droit, Michalon, 1998.

Nietzsche, l'intempestif, Beauchesne, 2000.

Gianni Vattimo, *Introduction à Nietzsche*, De Boeck, 1991.

Patrick Wotlking. *Nietzsche et le problème de la civilisation*, PUF, 2009.

La philosophie de l'esprit libre. Introduction à Nietzsche, Flammarion, 2008.

Monique Dixsaut, *Nietzsche, Par-delà les antinomies*, Vrin, 2012.

TABLE DES MATIÈRES

Philosophie

aux éditions L'Harmattan

Dernières parutions

ÉCONOMIE (L') À LA LUMIÈRE DES PHILOSOPHES
Eyene Mba Jean-Rodrigue-Elisée
Ce livre permet de comprendre que les tentatives des économistes contemporains pour disqualifier la philosophie du processus d'élaboration des modèles, des lois et des principes économiques sont vouées à l'échec. Elles omettent souvent le dénominateur commun de l'économie et de la philosophie : l'épanouissement de l'homme, le maintien de l'équilibre social. Les problèmes que traitent les philosophes relèvent du domaine de la vie pratique de la société dont l'économie n'est qu'un des éléments constitutifs.
(Coll. Philosopher en Afrique, 15.50 euros, 152 p.)
ISBN : 978-2-336-30160-0, ISBN EBOOK : 978-2-296-53723-1

GILLES DELEUZE : PHILOSOPHIE ET LITTÉRATURE
Pombo Nabais Catarina - Préface de Jacques Rancière
Cet ouvrage aide à pénétrer une pensée complexe, et tente de rendre Deleuze accessible. L'auteur a pu définir un accès sensible et raisonné à l'un de ces points privilégiés où la philosophie deleuzienne se construit hors d'elle-même en investissant un espace «non philosophique», celui de la littérature. Il ne peut être question de résumer un travail qui s'attache à suivre, à travers l'analyse fine de quelques singularités, toutes les transformations de la pensée deleuzienne de l'expérimentation littéraire, entendue comme expérimentation de vie.
(Coll. La philosophie en commun, 49.00 euros, 526 p.)
ISBN : 978-2-343-00949-0, ISBN EBOOK : 978-2-296-53833-7

EROS ET INFINI (Tome I)
Le monde, le sujet, le sens
Bailly Jean Jacques
Cet ouvrage constitue la première partie d'*Éros et Infini, Éthique de la temporalité.* L'auteur entreprend une philosophie de l'évènement, de la nouveauté et du sens, de l'éros et du désir, soutenue par une compréhension du temps comme retrait créateur. La confrontation aux grands maîtres conduit à de nouvelles interprétations des grandes questions philosophiques. Ce tome I traite de l'expérience du monde, de la question du sujet, ainsi que de l'origine du sens et de l'éros de l'interprétation.
(Coll. Ouverture Philosophique, 24.00 euros, 228 p.)
ISBN : 978-2-343-00462-4, ISBN EBOOK : 978-2-296-53845-0

EROS ET INFINI (Tome II)
Le sens, le signe, l'éros du bien et du mal
Bailly Jean Jacques
Cet ouvrage constitue le tome II de *Éros et Infini, Éthique de la temporalité.* L'auteur y poursuit sa philosophie de l'évènement, de la nouveauté et du sens, de l'éros et du désir centrée sur l'expérience temporelle du monde. Les questions philosophiques fondamentales sont revisitées. Ce tome II aborde les formes de jouissances et de catharsis du sujet, approfondit la réflexion sur les limites et les configurations du monde, le langage et les signes, et l'enracinement érotique du bien et du mal.
(Coll. Ouverture Philosophique, 22.50 euros, 216 p.)
ISBN : 978-2-343-00499-0, ISBN EBOOK : 978-2-296-53846-7

NOUVELLE AVANT-GARDE (LA)
Vers un changement de culture
Sous la direction de Carine Dartiguepeyrou
La vision du monde postmoderne a beaucoup apporté en déconstruisant la modernité pour mettre en avant des valeurs postmatérialistes et une société plurielle. La nouvelle avant-garde n'est pas seulement une pensée : c'est une culture, une communauté de valeurs et de quête, le fruit d'une intuition collective qui rassemble des personnes de tous horizons autour d'un respect profond pour le vivant, de la conscience que nous ne connaissons qu'une part infime de l'univers.
(Coll. Avant-garde, 19.00 euros, 196 p.)
ISBN : 978-2-343-00822-6, ISBN EBOOK : 978-2-296-53858-0

UN MONDE PARFAIT. GÉOGRAPHIES DE L'AMÉRIQUE IMAGINAIRE
Magliacane Alessia
En vingt-deux chapitres ponctués d'éléments géographiques, minéralogiques, urbains, topographiques, l'auteur reconstruit un contre-scénario de la culture postcapitaliste en suivant une route de l'imaginaire nord-américain suspendue entre l'incessante demande d'émancipation politique, culturelle, raciale, de genre et les terribles rechutes sociales, économiques, symboliques et symptomatiques.
(Coll. Ouverture Philosophique, série Arts vivants, 25.00 euros, 246 p.)
ISBN : 978-2-343-00173-9, ISBN EBOOK : 978-2-296-53963-1

RENÉ SCHÉRER
ou la parole hospitalière
Sous la direction de Cany Bruno, Robveille Yolande
De tous les professeurs ayant participé à l'expérience vincennoise, René Schérer apparaît comme le philosophe hospitalier par excellence, c'est-à-dire celui qui invite à philosopher ensemble dans une communauté de réflexion et de discussion. Mais ce recueil rappelle que la communauté homogène est impossible, fantasmatique du seul fait que l'homogène est la destruction de la communauté. C'est pourquoi le philosophe hospitalier convie à une «communauté de singularités» constituée par la diversité et la pluralité.
(14.50 euros, 146 p.)
ISBN : 978-2-336-29899-3, ISBN EBOOK : 978-2-296-53809-2

POUR UNE ANTHROPOBIOLOGIE PHILOSOPHIQUE DU DÉSIR – Désir et consensus
Nzigou-Moussavou Alain
Moteur essentiel de sa vie mentale et psychique, le désir permet à l'homme de s'orienter dans le monde. Exister pour l'homme, c'est exister comme être de désir. Toutes ses connaissances et ses institutions sont ainsi ramenées à de pures et simples projections pulsionnelles. Voici tentée ici l'entreprise inédite de reconstruction anthropologique du désir.
(Coll. Pensée Africaine, 40.00 euros, 416 p.)
ISBN : 978-2-336-00731-1, ISBN EBOOK : 978-2-296-53951-8

MERLEAU-PONTY
Face aux défis du monde contemporain – Corporéité et solidarité
Mpuku Félicien Laku
Merleau-Ponty n'a jamais explicitement développé une pensée de la solidarité et aucun de ses commentateurs ne s'est attaché à interpréter sa philosophie sous cet angle. La pensée de Merleau-Ponty inclut des possibilités qui débordent ce qu'il a effectivement dit et écrit. Cet ouvrage découvre que notre conscience est d'emblée dans un corps et dans une situation vécue, et que, avant toute prise de conscience de son existence personnelle, l'être humain coexiste. Cette « existence-avec » est fondamentalement une co-présence des êtres corporels.
(Coll. Pensée Africaine, 31.00 euros, 304 p.)
ISBN : 978-2-343-00058-9, ISBN EBOOK : 978-2-296-53797-2

SOLITAIRE (LE) DES ALPES
Ou la vérité religieuse devant la raison
Yermolof Michel - Édition préparée par François Heidsieck
Préface de Gérard Perrin-Gourron
Michel Yermoloff (1794-1870), homme très cultivé et orthodoxe de naissance, se convertira au catholicisme à 61 ans. Sans se contenter d'une démarche ecclésiale, il entend développer, discuter l'essentiel de sa foi. Dans ce véritable ouvrage d'apologétique rédigé sous forme de dix «Conversations», les Dialogues de ce Général fournissent un témoignage précieux du climat intellectuel de l'époque à travers des développements des thèmes pérennes de la philosophie et de la religion.
(Coll. Ouverture Philosophique, 22.50 euros, 216 p.)
ISBN : 978-2-296-99853-7, ISBN EBOOK : 978-2-296-53715-6

AU-DELÀ DE LA PENSÉE
Être et paraître
Andrieu Gilbert
Les mots ne sont qu'un pâle reflet de la réalité. Ils construisent l'homme, qui croit n'être que ce qu'il dit. Il en est de même de la pensée, qui ne peut dépasser un paraître dont nous ne soupçonnons pas les limites. Penser n'est certainement pas le propre de l'homme et rien ne nous dit que la pensée cesse d'exister après la mort. En cherchant à mieux comprendre l'amour et la mort, il est possible de saisir une origine de la pensée qui s'enracine dans la matière.
(23.00 euros, 230 p.)
ISBN : 978-2-343-00361-0, ISBN EBOOK : 978-2-296-53794-1

DEMI-DIEUX (LES)
Les enseignements cachés de la mythologie grecque
Andrieu Gilbert
Nous nous comportons souvent comme ces demi-dieux qui meurent devant Thèbes et devant Troie ou plus largement en recherchant une Toison d'or. Il est probable que nous puissions terrasser le Minotaure qui est en nous, mais il ne faudrait pas se comporter comme Thésée si nous voulons découvrir la Vérité. Si Héraclès reste le symbole de nos luttes permanentes pour échapper à notre destin, faut-il s'efforcer de lui ressembler ? Que représentent les demi-dieux encore aujourd'hui ?
(23.50 euros, 236 p.)
ISBN : 978-2-336-29361-5, ISBN EBOOK : 978-2-296-53795-8

POUR PENSER L'ÉDUCATION
Fullat i Genis Octavi
Traduit et adapté de l'espagnol par Mónica Guerrero-Rosset, avec la collaboration d'Anne-Marie Drouin-Hans
Octavi Fullat i Genís expose la structure fondamentale d'une anthropologie dualiste, dans laquelle prend sens un modèle d'éducation libératrice. Présentant la signification d'une anthropologie pédagogique, dans le cadre de l'anthropologie philosophique, le lecteur est invité à réfléchir sur la nature des savoirs sur l'éducation. Cet essai est construit par un discours philosophique, dans lequel O. Fullat utilise souvent la dérision et l'ironie, afin de signifier son positionnement au regard de la liberté et de l'éducation morale.
(Coll. La philosophie en commun, 16.50 euros, 155 p.)
ISBN : 978-2-336-29312-7, ISBN EBOOK : 978-2-296-53866-5

SARTRE ET BENNY LEVY
Une amitié intellectuelle, du maoïsme triomphant au crépuscule de la révolution
Repaire Sébastien - Préface de Jean-François Sirinelli
Mars 1980. Une série d'entretiens publiés par le *Nouvel Observateur* fait scandale. Jean-Paul Sartre, un mois avant sa mort, y révoque des pans entiers de son œuvre, dénigrant la notion d'angoisse et reléguant l'athéisme pour s'intéresser au messianisme juif et à la résurrection des corps. Face à lui, son dernier secrétaire, Benny Lévy. Accusé par Simone de Beauvoir de manipuler Sartre, Benny Lévy offre à l'écrivain une dernière occasion de revisiter son œuvre.
(Coll. Questions contemporaines, 25.00 euros, 260 p.)
ISBN : 978-2-343-00632-1, ISBN EBOOK : 978-2-296-53679-1

L'HARMATTAN ITALIA
Via Degli Artisti 15; 10124 Torino

L'HARMATTAN HONGRIE
Könyvesbolt ; Kossuth L. u. 14-16
1053 Budapest

L'HARMATTAN KINSHASA
185, avenue Nyangwe
Commune de Lingwala
Kinshasa, R.D. Congo
(00243) 998697603 ou (00243) 999229662

L'HARMATTAN CONGO
67, av. E. P. Lumumba
Bât. – Congo Pharmacie (Bib. Nat.)
BP2874 Brazzaville
harmattan.congo@yahoo.fr

L'HARMATTAN GUINÉE
Almamya Rue KA 028, en face du restaurant Le Cèdre
OKB agency BP 3470 Conakry
(00224) 60 20 85 08
harmattanguinee@yahoo.fr

L'HARMATTAN CAMEROUN
BP 11486
Face à la SNI, immeuble Don Bosco
Yaoundé
(00237) 99 76 61 66
harmattancam@yahoo.fr

L'HARMATTAN CÔTE D'IVOIRE
Résidence Karl / cité des arts
Abidjan-Cocody 03 BP 1588 Abidjan 03
(00225) 05 77 87 31
etien_nda@yahoo.fr

L'HARMATTAN MAURITANIE
Espace El Kettab du livre francophone
N° 472 avenue du Palais des Congrès
BP 316 Nouakchott
(00222) 63 25 980

L'HARMATTAN SÉNÉGAL
« Villa Rose », rue de Diourbel X G, Point E
BP 45034 Dakar FANN
(00221) 33 825 98 58 / 77 242 25 08
senharmattan@gmail.com

L'HARMATTAN BÉNIN
ISOR-BENIN
01 BP 359 COTONOU-RP
Quartier Gbèdjromèdé,
Rue Agbélenco, Lot 1247 I
Tél : 00 229 21 32 53 79
christian_dablaka123@yahoo.fr

649589 - Avril 2016
Achevé d'imprimer par

1livre.com
du rêve à la réalité !